75—未来へつなぐヒロシマの心

創価学会広島青年部 編

第三文明社

発刊に寄せて

中国新聞社　代表取締役社長　岡畠 鉄也

十四万人+−《プラスマイナス》一万人。これは一九四五年（昭和二十年）の年末までに亡《な》くなった被爆《ひばく》者の人数です。一人一人に名前があり、人生がありました。終戦から七十五年がたちましたが、原爆《げんばく》による死者数を推計値でしか語ることができないのが現実です。原爆被害の実態が未解明のままになっている事実を、弊社《へいしゃ》の長期連載「ヒロシマの空白」を通して報じてきました。原子雲の下で何が起きたのかということに真剣に向き合うこと。そして、一つでも真実を明らかにすることがメディアの責務だと感じます。

被爆者の高齢化が進む昨今、事実の解明は「ヒロシマの空白」を埋《う》めるための、限られた時間との闘争《とうそう》です。私自身、長く記者として多くの人を取材してきましたが、記憶に残る取材が二つあります。一つは二〇〇〇年にゴルバチョフ元ソ連大統領が広島を訪れた際に行った単独インタビューです。ソ連の大統領は核《かく》ボタンを押す権能者《けんのうしゃ》です。ゴルバチョフ氏に「これまでにさまざまな政治判断をした時に、広島を意識しましたか」と質問しました。氏は「当然です」と答えました。氏の胸中には、原爆直後の広島の惨状《さんじょう》がありました。生涯にわたって苦しむ被爆者の思いが、核兵器を所有する国の為政者《いせいしゃ》の耳に届いていたことを知り、大変に感動しました。被爆者の魂の叫《さけ》びが、平和への闘争が、決して無駄ではなかったのだと確信した瞬間でした。

もう一つは、被爆五十年の弊社新年号で「原爆乙女《おとめ》」と呼ばれる女性を取材したことです。広島で被爆し、治療のため渡米した彼女は、アメリカでの生活を終えて、尾《おの》道《みち》市瀬《せ》戸《と》田《だ》町に戻ってきていました。早速、取材を申し込みましたが、すぐに断られてしまいました。理由を尋《たず》ねると、これまでメディアから、〝被爆してつらい人生を歩んだ女性〟との先入観に満ちた取材しかされなかったというのです。しかし実際は、彼女はアメリカで結婚し、夫に愛されて幸せな人生を歩んでいたのです。

その後、何回も手紙のやりとりをして心を通わせ、取材を承諾《しょうだく》してもらいました。話を聞き終えて、彼女を撮影しようとしたのですが、顔にはやけどを治療した手術の痕《あと》があり、どう撮るべきか悩みました。結局、瀬戸内海とレモン畑を背景に、真正面から彼女を撮りました。掲載後、ご本人から電話がありました。「顔をあえて隠すこともなく、きちんと正面から撮影してくれたこと、向き合ってくれたことがうれしかった」と語ってくれました。自分と取材対象という関係性、一人の人間にどう向き合うべきかを学んだ出来事でした。

被爆者にとって、体験を話すことは並大抵《なみたいてい》ではないエネルギーがいる作業です。その言葉を引き出すのは単なる技術ではありません。創価学会の未来部と青年部が聞き取りをした本書には、被爆者・戦争体験者が語ったありのままの思いがつづられています。「戦争の悲惨《ひさん》さを伝えたい」という不戦の願いが詰まっています。聞き取りをした皆さんが、真剣に真正面から取材相手に向き合ったからこそ、このような貴重な証言を収録できたのでしょう。

これからも、創価学会の若い世代が核兵器廃絶《はいぜつ》への行動を推進し、被爆者の声に耳を傾《かたむ》け続けてほしいと念願しています。

はじめに

「七十五年は草木も生《は》えぬ」――原爆《げんばく》が投下され、焼け野原となった広島はかつてこう語られました。

一九四五年（昭和二十年）八月六日午前八時十五分、人類初の原子爆弾《ばくだん》が投下されました。仕事に向かうお父さんに、家事にいそしむお母さんに、元気に遊ぶ子どもに、摂氏《せっし》三〇〇〇度を超える熱線・爆風《ばくふう》・放射線《ほうしゃせん》が襲《おそ》ったのです。

「死者は約十四万人」といっても、数字だけでは分かりません。一人一人に日々の暮らしが、愛する家族が、日常のささやかな幸せがありました。その幸せを奪《うば》ってしまうからこそ、戦争ほど悲惨《ひさん》なものはありません。

戦後、被爆《ひばく》者の方々は、想像もできないほどの苦しみと悲しみの中を生き抜いてこられました。被爆による後遺症《こういしょう》、愛する人の死、ふるさとの壊滅《かいめつ》……。

そして今年、あの惨劇《さんげき》から七十五年がたちました。広島が奇跡《きせき》の復興を遂《と》げ、緑豊かな平和都市へと生まれ変わった原動力となったもの。それこそ、差別や病気に苦しみながらも「同じ思いを二度と誰にも味わわせたくない」という、被爆者・戦争体験者の平和への叫《さけ》びでした。

しかし今、全国の被爆者の数は十四万人を下回り、平均年齢《ねんれい》は八十三歳を超えました（二〇二〇年三月現在、厚生労働省発表）。生《なま》の証言を聞く機会が少なくなり、記憶《きおく》の風化が心配されています。

本年、広島の創価学会未来部の高校二年生と青年平和会議（青年平和委員会・女性平和文化会議・学生平和委員会）を中心とする青年部員が、被爆者・戦争体験者のご自宅などでお話を伺《うかが》いました。

皆が戦争を知らない十〜三十代のメンバーで、証言の聞き取りをした経験は、ほとんどありません。初めて生々しい証言を聞き、〝もし自分だったら〟と想像すると、悲しみが胸に迫《せま》りました。

ある高校生は、こう感想を語りました。「今の生活や街並《まちな》みは、七十五年前からつながっている。だから私も過去の戦争を〝自分ごと〟として捉《とら》え、平和への思いを次の世代に伝えていきたいです」と。

一方、証言してくださったのは、七十～九十代の被爆者・戦争体験者でした。これまで被爆に関して多くを語ることなく、初めて重い口を開いてくださった方もいました。十六歳で入市《にゅうし》被爆した女性は、こう語りました。「今まで誰にも話せんかった。でも、未来を生きるあなたに伝えられてよかった」と。

今も原爆で苦しみ続ける人がいます。その心の中を理解することはできないかもしれません。しかし、被爆者の声を聞き、世代を超えてつながってこそ、〝ヒロシマの心〟は未来へ受け継《つ》がれていく――その思いで、本書では、六人の被爆者と、原爆投下から二日後の「福山空襲《くうしゅう》」に遭《あ》った二人の証言を掲載しています。

約一万四千発もの核《かく》兵器が現存《げんそん》する世界情勢にあって、本書を手に取る方々が、「自分にとっての平和」を考える手掛《てが》かりにしてくだされば、これにまさる喜びはありません。

創価学会の池田大作名誉会長は、一九九三年（平成五年）八月六日、小説『新・人間革命』の執筆《しっぴつ》を開始し、冒頭《ぼうとう》につづられました。

「平和ほど、尊《とうと》きものはない。平和ほど、幸福なものはない。平和こそ、人類の進むべき、根本の第一歩であらねばならない」

人間を〝モノ〟と見る考え方の先に、原子爆弾という「絶対悪」の兵器が生まれました。であるならば、心の中に崩《くず》れざる〝平和の砦《とりで》〟を一人一人が築く以外に平和の道はありません。

私たち創価学会広島青年部は、この人間革命の哲理《てつり》を胸に、〝ヒロシマの心〟を永遠に継承《けいしょう》してまいります。

結びに、貴重な体験を語っていただいた被爆者・戦争体験者の皆様に御礼を申し上げるとともに、執筆にご協力をいただいた岩崎一三様、資料を提供してくださった広島平和記念資料館、福山空襲を記録する会様、本書の出版にあたりご尽力《じんりょく》いただいた第三文明社をはじめ、すべての関係者の皆様に深く感謝申し上げます。

二〇二〇年八月六日

創価学会広島青年部

もくじ

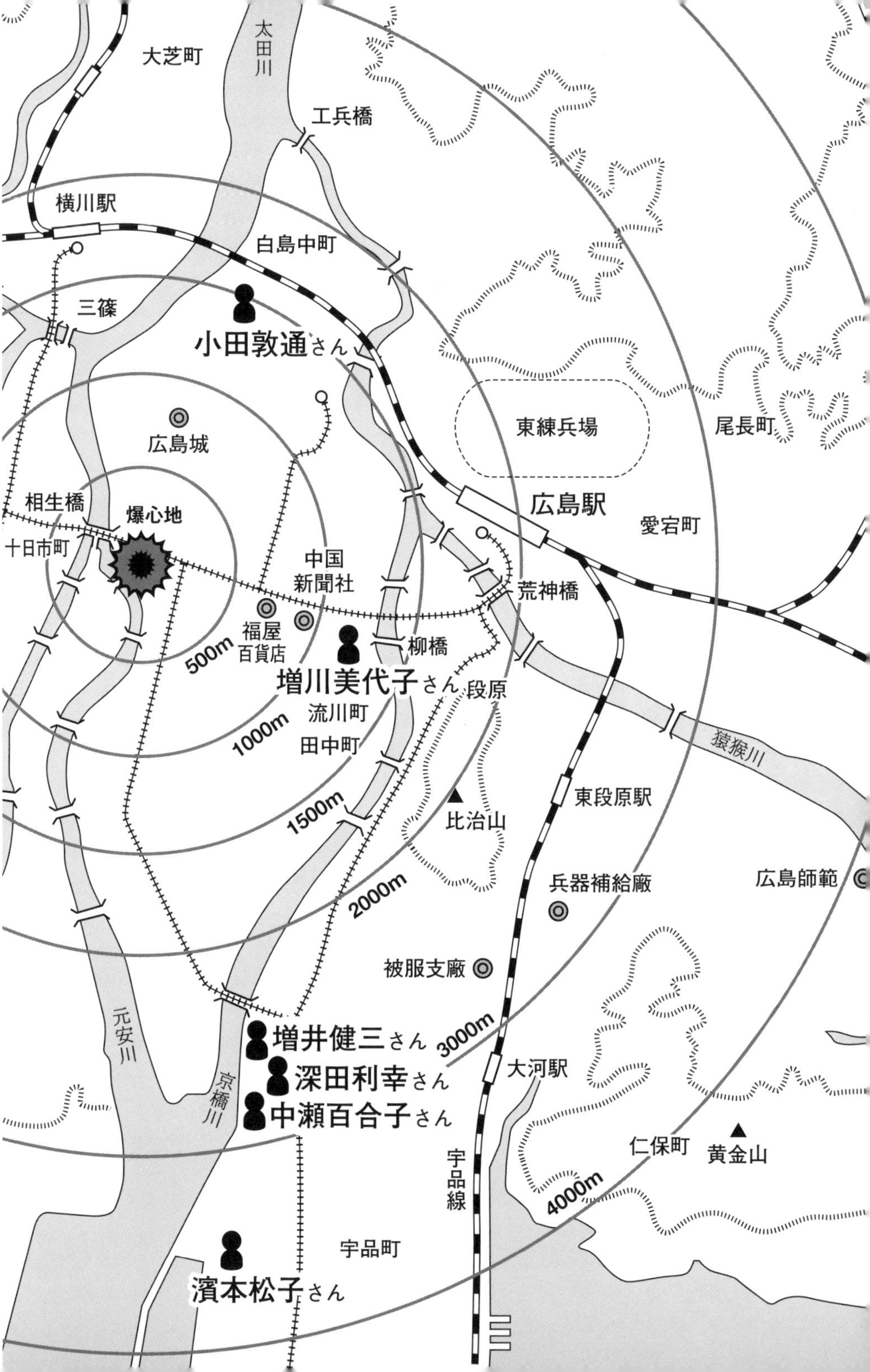
大芝町
太田川
工兵橋
横川駅
白島中町
三篠
小田敦通さん
広島城
東練兵場
尾長町
相生橋
爆心地
広島駅
愛宕町
十日市町
中国
新聞社
荒神橋
福屋
百貨店
柳橋
500m
増川美代子さん
段原
流川町
1000m
田中町
猿猴川
東段原駅
1500m
比治山
兵器補給廠
広島師範
2000m
被服支廠
元安川
3000m
増井健三さん
深田利幸さん
中瀬百合子さん
京橋川
大河駅
宇品線
仁保町
黄金山
4000m
宇品町
濱本松子さん

1945年8月6日
広島市被爆地図：証言者の被爆地点

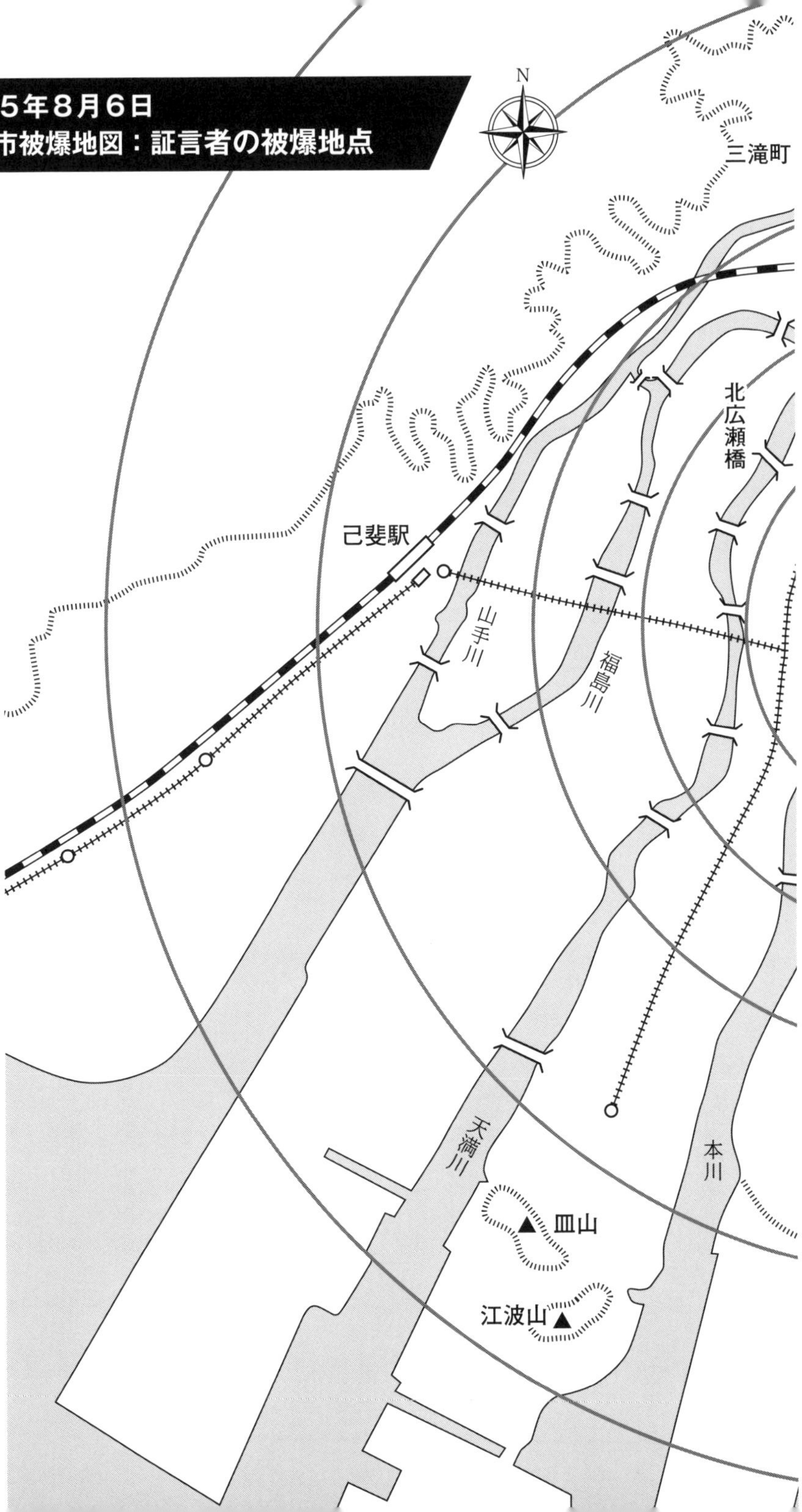

【解説】

広島への原爆投下について

一九四五年（昭和二十年）八月六日午前八時十五分、人類史上最初の原子爆弾が、広島に投下されました。原爆《げんばく》は、太平洋マリアナ諸島テニアン島から発進したアメリカ軍の飛行機「エノラ・ゲイ号」を含む三機のＢ-29※によって投下され、地上約六百メートルで炸裂《さくれつ》しました。

爆心地は、広島県産業奨励館《しょうれいかん》（現・原爆ドーム）の中心から東南約百六十メートル、島病院（現・島内科医院）辺《あた》りとされています。

原爆は、爆発と同時に、強烈な熱線と放射線《ほうしゃせん》を四方に放出し、さらに、高熱によって周りの空気が大きく膨《ふく》らみ、爆風《ばくふう》となって広がりました。これにより、爆心地から二キロメートル以内のすべての木造家屋が破壊され、焼き尽くされました。原爆の威力《いりょく》は、爆風、熱線、放射線の三つの要素の複合作用によって、いっそう大きな被害をもたらしたのです。

同年十二月末までに、約十四万人が原爆によって亡《な》くなったと推

B-29……第二次世界大戦中に、アメリカが開発した爆撃をするための飛行機。日本本土爆撃の専用機として作られた。日本の主要54都市を爆撃した。

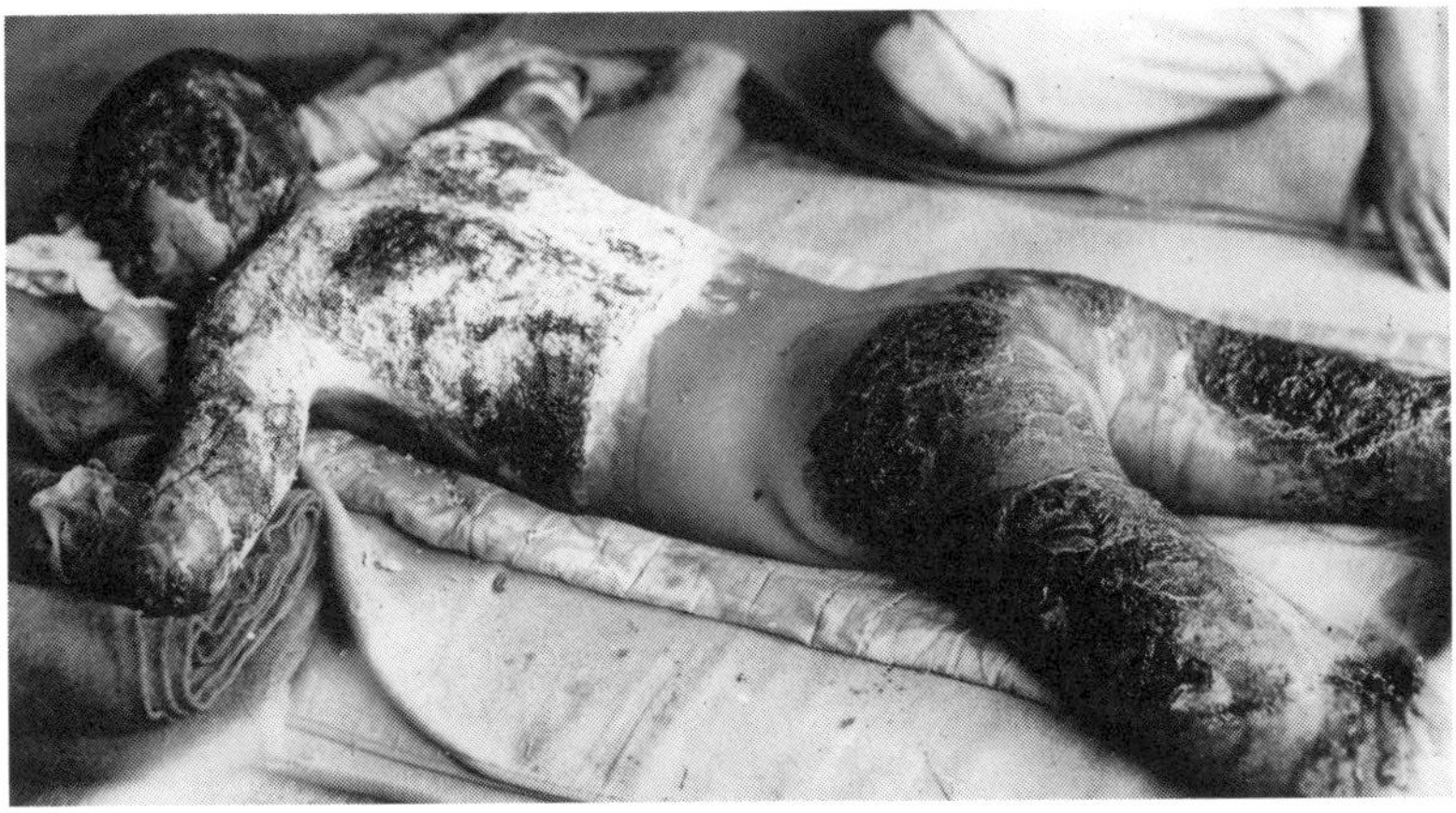

この男性は、爆心地から 1km 以内で被爆し、ハラマキをしていた部分だけを残して全身にひどいやけどを負いました（撮影：尾糠政美／提供：広島平和記念資料館）

定されています。そして、放射線による障害は、その後も長期間にわたり人々を苦しめました。

▼▼熱線による被害

上空で発生した火の球は、一秒後には最大直径二百八十メートルの大きさとなり、中心部は摂氏《せっし》一〇〇万度を超え、そこから放出された熱線によって、爆心地では、鉄が溶《と》ける摂氏一五〇〇度をはるかに超える、摂氏三〇〇〇～四〇〇〇度に達しました。

強烈な熱線によって焼かれた人々は、重度のやけどを負い、多くの人が亡くなりました。助かった人も、身体にケロイド※が残

ケロイド……やけどなどの傷が治った後も、肉が盛り上がったり、皮膚が引きつったりした状態。

り、肉体的にも精神的にも大変な苦痛をもたらしました。

▼▼爆風による被害

爆発の瞬間、熱によって周りの空気が急に膨らみ、数十万気圧という強い圧力をもった強烈な爆風が吹き抜けました。その圧力は、爆心地で一平方メートルあたり三十五トン、最大風速は秒速四百四十メートルに達するという強力なものでした。これらの爆風のため、建物が押しつぶされ、人々は吹き飛ばされたり、建物の下敷きになったりして亡くなりました。

▼▼放射線による被害

原爆の特徴である放射線は、体の奥深くまで入り込み、細胞を破壊し、内臓を侵《おか》すなどの深刻な障害を引き起こしました。爆心地から一キロメートル以内で直接、放射線を受けたほとんどの人は亡く

帝国銀行広島支店（爆心地から約 360m）の内部。爆風で天井も床も抜け落ちてしまいました（撮影：川本俊雄／提供：川本祥雄）

なり、無傷と思われた人たちも月日が経過してから発病し、死亡した例が多くあります。

母親が妊娠中に被爆し、生まれた子どもは（胎内《たいない》被爆）、多くが死産したり、知的障害や発育不良を伴う小頭症《しょうとうしょう》※が見受けられるようになりました。

また、直接被爆しなかった人でも、家族を捜《さが》すためや、救護のために爆心地近くに行って残留放射線を受けた人もいました（入市《にゅうし》被爆）。そうした人たちの中には、直接被爆した人と同じように病気になったり、亡くなる人もいました。

原爆投下より五、六年がたった頃から、白血病《はっけつびょう》や甲状腺《こうじょうせん》がん、乳がん、肺がんなどさまざまながんにかかる被爆者が増えるなど、放射線は長期にわたり、深刻な影響を与えています。

小頭症……頭蓋骨が生まれつき小さい症状。大脳の発達が悪く、精神の発達の遅れが見られることが多い。

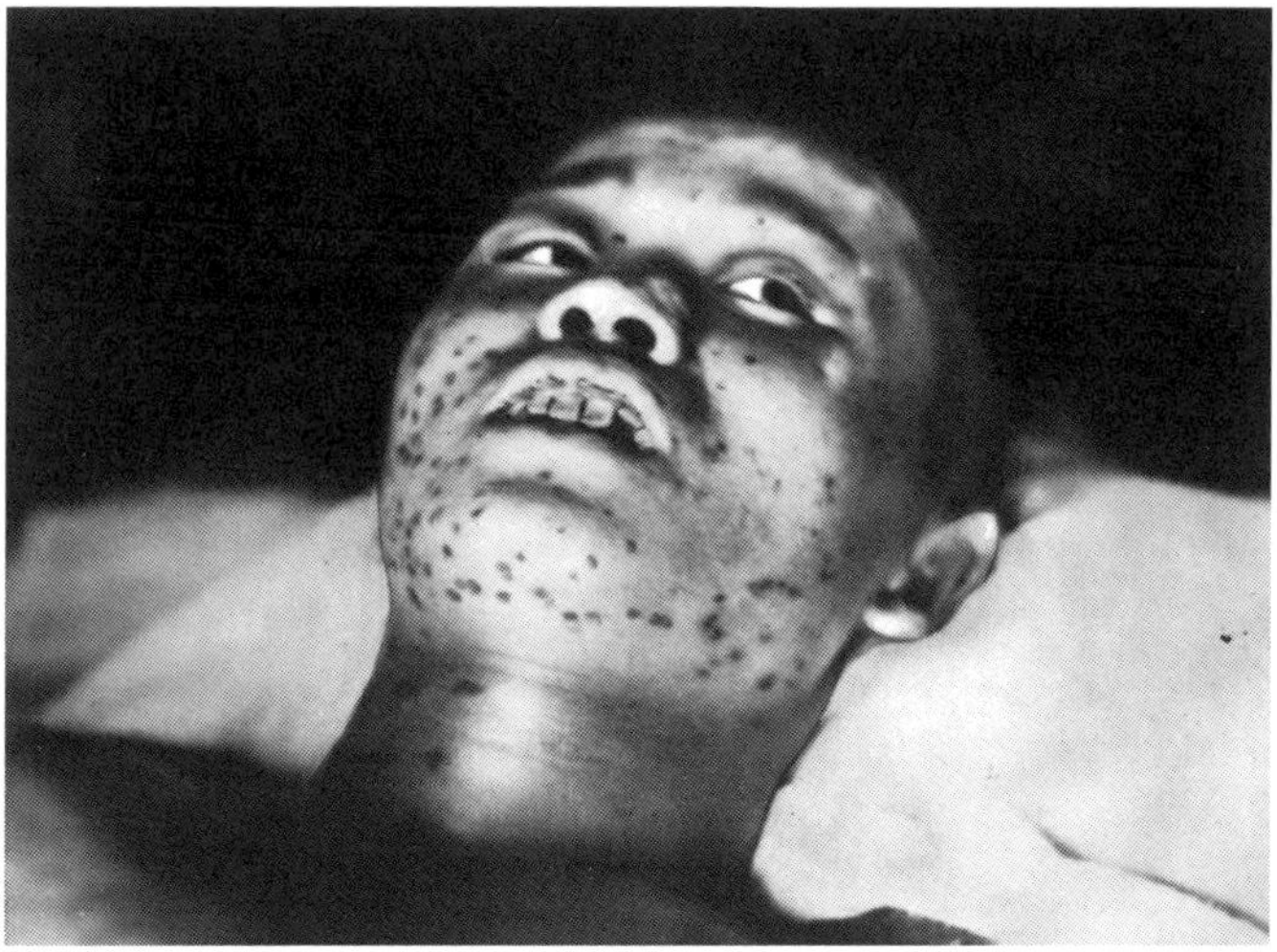

爆心地から1km 以内の家の中で被爆した人。被爆して10日以上たってから髪の毛が抜け始め、歯茎から血が出るようになりました。皮膚の下に血がたまり、紫色の斑点が出るようになり、被爆後1カ月近くたって亡くなりました（撮影：木村権一／提供：広島平和記念資料館）

参考文献

- 広島市市民局国際平和推進部平和推進課
  「後障害について」（https://www.city.hiroshima.lg.jp/soshiki/48/9413.html）
  「建物の被害」（https://www.city.hiroshima.lg.jp/soshiki/48/9401.html）
  「爆風による被害」（https://www.city.hiroshima.lg.jp/soshiki/48/9404.html）
  「高熱火災による被害」（https://www.city.hiroshima.lg.jp/soshiki/48/9409.html）
  「放射線による被害」（https://www.city.hiroshima.lg.jp/soshiki/48/9411.html）
  「死者数について」（https://www.city.hiroshima.lg.jp/soshiki/48/9400.html）
  「熱戦による被害」（https://www.city.hiroshima.lg.jp/soshiki/48/9402.html）
  閲覧日：2020年6月29日
- 総務省「広島市における戦災の状況」
  （https://www.soumu.go.jp/main_sosiki/daijinkanbou/sensai/situation/state/chugoku_07.html）閲覧日：2020年6月29日
- 広島平和記念資料館「キッズ平和ステーション ヒロシマ（原爆の被害）」
  （http://www.pcf.city.hiroshima.jp/kids）閲覧日：2020年6月29日
- 広島平和記念資料館『図録 ヒロシマを世界に』広島平和記念資料館、1999年
- 創価学会婦人平和委員会『ヒロシマ「平和への出発」』第三文明社、1987年

平和であることの幸せ

証言者　深田《ふかだ》 利幸《としゆき》さん　八十二歳
被爆時の年齢　七歳

取材者　武永《たけなが》 広樹《ひろき》さん　十六歳
橋野《はしの》 恒貴《こうき》さん　十六歳

産業奨励館《しょうれいかん》

戦争中、広島県産業奨励館《しょうれいかん》（現・原爆ドーム）に行ったことがあります。墜落《ついらく》したB-29爆撃機のパイロットの遺品が展示されているというので、家族で人力車に乗って見に行きました。産業奨励館はヨーロッパの雰囲気。屋根はエメラルドグリーンで、建物に入ると広い吹き抜けでらせん階段がありました。展示を見て印象に残ったのは、落下傘《らっかさん》（パラシュート）の生地《きじ》が厚くてゴワゴワとして強いこと。それから釣《つ》り竿《ざお》のリール。リールなんて見たことがありませんでした。小

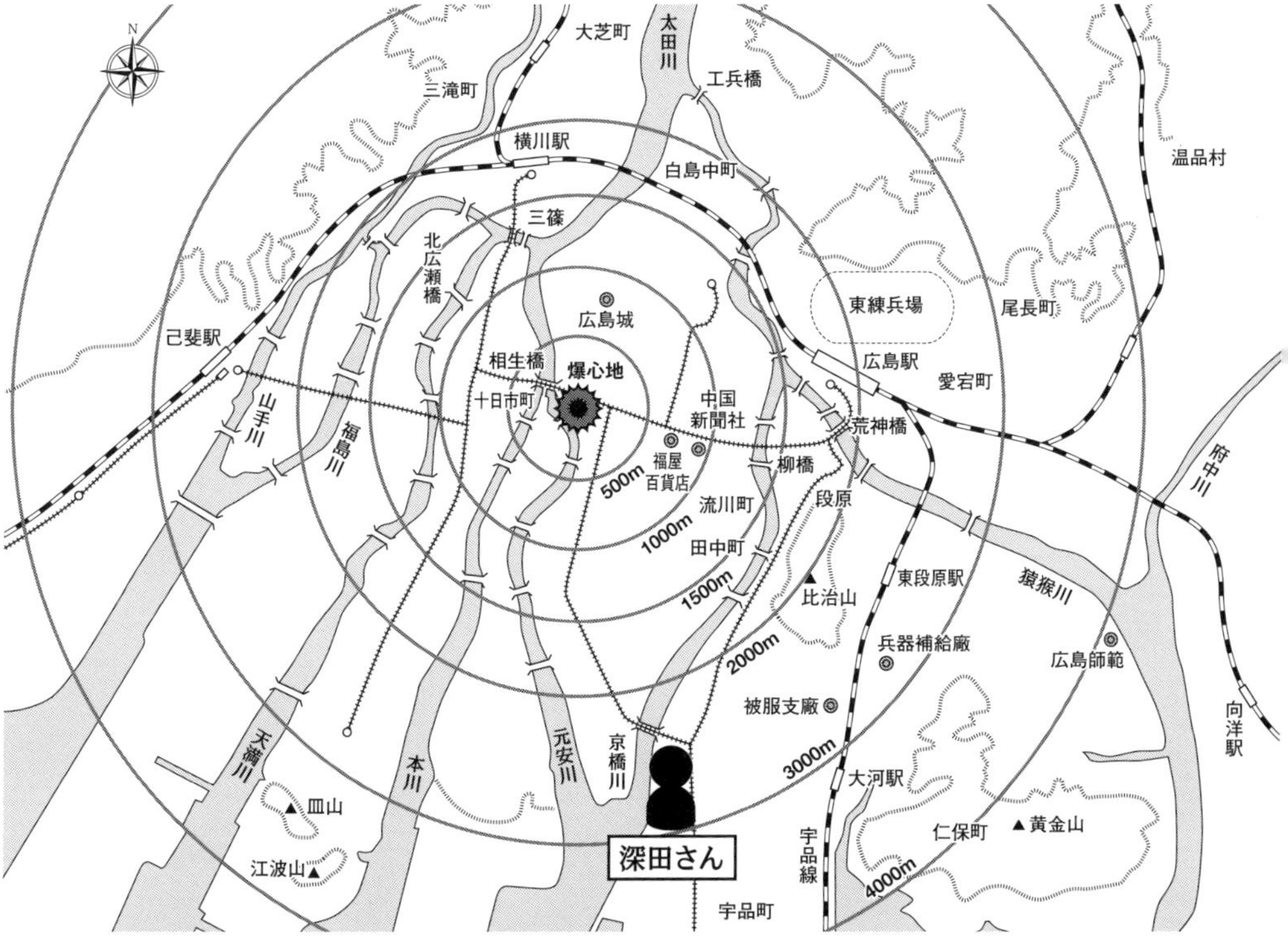

さな額《がく》に入った女性の写真もあり、私たちには写真はまだ身近なものではなかったから、それも驚きでした。

一九四五年（昭和二十年）になると、制空権はもうアメリカに押さえられて、空を飛ぶのは日本の飛行機ではなくて米軍機。道路の真ん中を歩いたら撃《う》たれると言われて、学校まで家々の軒下《のきした》を歩きました。空襲警報《くうしゅうけいほう》※が鳴ると防空壕《ぼうくうごう》※に入らなければなりません。いつでも逃げられるように、食事も大急ぎで食べるようになりました。

当時のわが家は、両親と祖父、兄（十二歳）、私（七歳）、妹（五歳）、弟（三歳）の七人家族。家族は多いし、食事は湯に米が浮かんでいるという感じのおかゆやサツマイモなどで、いつもおなかがすいていました。

私の父は、宇品《うじな》（現・南区宇品）にある広島陸軍糧秣支廠《りょうまつししょう》※（現・広島市郷土資料館を含む一帯）に勤《つと》めていましたが、西条《さいじょう》町（現・東広島市）に転勤になり、広島駅を朝八時十五分頃に出る汽車に乗って通っていました。八月六日はたまたま早出《はやで》だったので、原爆《げんばく》が落ちた時刻には、汽車で八本松《はちほんまつ》町（現・東広島市）辺《あた》りを走っていたようです。原爆投下の後、父は市内が特殊爆弾で全滅したと聞き、汽車も動いていないから市内の自

空襲警報……空襲が間近に迫っている場合に呼びかける警報。
防空壕……空襲の際に避難するため、地面を掘って造った穴や構造物。
糧秣支廠……兵士の食糧や、軍馬の飼料を調達・配給・貯蓄していた陸軍の工場。

宅まで歩いて帰って来ました。父が無事で私たちは助かりました。父親がいるのといないのとでは、戦後の生活が全然違っていたはずです。

八月六日

当時、私は皆実《みなみ》国民学校※二年生。空襲が激しくなったので、一、二年生は私の自宅近くのお寺、光徳寺《こうとくじ》（南区皆実町六丁目）が学校になりました。三年生以上は集団疎開《そかい》※をしたと聞いていました。

私は朝は誰よりも早く光徳寺に行って、みんなが来るまでに掃除《そうじ》するのを美徳としており、八月六日の朝もそうして、掃除が終わってもまだみんなが来ないから、窓辺《まどべ》の長椅子《ながいす》に横になり、窓の外を見ていました。青空が広がって天気のいい日で、雀《すずめ》が二羽電線に止まっているのを見ていた時に、ピカッとするどい光線が目に入ってきて、それから辺りは真っ暗になりました。お寺が崩《くず》れ落ちて、私はあちらの柱こちらの柱に体を打ちつけながら、気が付くと落ちてきた屋根の下敷きになっていました。何が起きたのかさっぱり分かりません。

国民学校……1941 年に小学校を改めて設立された、初等科 6 年・高等科 2 年の学校。通っていたのは現在の小学 1 年から中学 2 年に相当する。

集団疎開……第二次世界大戦末期に、都会の学童を学校、クラスごとに地方の農村・山村に移住させたこと。

隙間《すきま》があったので、そこの板を剥《は》いで瓦《かわら》をのけて、屋根から顔を出すと、ぶわっと埃《ほこり》が舞っていて、今朝《けさ》の風景とは全《まった》く違っていました。お寺の前の家は半分なくなって、一面に瓦礫《がれき》が広がり道路も見えなくて、これはどこに来たんだろうというような別世界が広がっていました。

裸足《はだし》のまま死に物狂いで、大した距離ではないんですが、寺から自宅まで道なき道を帰りました。途中で、田舎《いなか》から野菜などを積んできた牛車の牛が、血を吐《は》いて灰まみれで死んでいるのを見たのがショックでした。牛車を引いていたおじさんもけがをしてうずくまっていました。後は何を見たのかよく覚えていません。

家の近くの防空壕に、母と弟と妹も避難していました。自分では気付かなかったのですが、私はガラスの破片《はへん》で傷だらけでした。額《ひたい》と顎《あご》が切れて、顎は骨が見えるほど。指は、ちぎれかかっていました。ガラスが刺《さ》さったり柱にぶつかったりしたために、背中や腕、肩にも大けがをしていました。母が私を見てびっくりしていました。朝、真っ白いシャツを着ていたのが、血で真っ赤に染《そ》まっていたんです。

ずいぶんたって、建物疎開※の学徒《がくと》動員※で出ていた兄が、スコップをひきずり、灰ま

建物疎開……空襲による火災の広がりを防ぐために建物を取り壊す作業のこと。
学徒動員……戦争中に労働力不足を補うため、学生・生徒に対して強制された労働。

みれで帰って来ました。兄は顔の左半分と左手にひどいやけどをしていました。

近くの日本専売公社（現・日本たばこ産業）広島工場の広場が一時的な救護所になり、軍の衛生兵《えいせいへい》※が、けがをした人たちに薬をつけていました。私は長い時間待って軍医に診《み》てもらい、赤チン※を筆でしゅっと塗《ぬ》って包帯《ほうたい》をしてもらいました。

今も額や目の縁《ふち》、指や腕などに傷痕《きずあと》が残っています。すぐに傷口を縫《ぬ》うこともできなかったから、ザクロのように裂《さ》けたままです。そこに肉が盛り上がりふさがったのが、傷痕となって残っています。同級生にもそういう人はたくさんいます。

叔父の死、弟の死

わが家は家が傾《かたむ》いただけでしたが、窓は爆風《ばくふう》でなくなっていました。どこかから板を拾ってきて窓に打ち付けたり、後片付けをしました。大変なのはハエと蚊《か》でした。なんでこのハエや蚊は原爆で死なんかったのかと恨《うら》めしかったです。

私の叔父《おじ》は、比治山《ひじやま》橋の上をバタンコ（オート三輪）に荷物を積んで走っていて被爆し、背中一面をやけどしました。わが家で看病したのですが、ハエが傷口に卵を産《う》んでう

衛生兵……軍隊の中で医療に関する業務を行う兵隊。

赤チン……傷の殺菌・消毒に用いられる殺菌剤。

じ虫が湧《わ》いて大変でした。やけどで化膿《かのう》した叔父の背中を、うじ虫が食うわけですから痛かったでしょう。父が、背中のうじ虫を箸《はし》でつまんで取り、竹べらで膿《うみ》をきれいに取って、油を塗ってあげていました。叔父は「死にたくない！」「なんで死なにゃあいけんのんや！」と言っていましたが、一週間ぐらいで亡くなりました。私は叔父のそばで、うちわであおいであげたりしましたが、子ども心にも気の毒で、何とも言えない悲しい気持ちでした。叔父は新婚でしたが、奥さんがどうなったかは知りません。

兄のやけども、叔父と同じように箸と竹べらでうじ虫と膿を取ってやりました。竹べらでほっぺたの膿をこすり取る時は、兄は痛くて泣いていました。きれいにした後、油を塗って、ハエがこないように油紙を貼《は》っていました。処置が良かったんでしょう、今は痕も残らずにきれいな皮膚《ひふ》になっています。

三歳の弟は、五歳の妹と一緒に家にいました。母に小麦粉を焼いたおやつを作ってもらって妹と奪い合いをして、机の下に潜《もぐ》りこんだ時に被爆しました。外傷《がいしょう》は何もないのに、一カ月ほどして、突然青ざめて血を吐いて死にました。今から思えば、やっぱり原爆の放射能《ほうしゃのう》のせいだったんじゃないかと思います。あの日、原爆投下の後にはすごい埃が舞い上がりました。空には巨大なキノコ雲が上がり、後に黒い雨※も落ちてきています。黒い雨が降った時、私は外にいて、夕立《ゆうだち》かなあと思って家の中に入りました。その時は放射能を含《ふく》んだ雨とは思っていません。いつもの夕立と思っただけですが、落ちてくる雨は確かに黒かったのです。弟は小さくて抵抗力《ていこうりょく》もないから、直接の外傷はなくても、放射能の影響で血を吐いて死んだのかなと思います。妹は原爆の影響なのか分かりませんが、大人になってから子宮がんなどにかかり、手術をしています。

死体の臭《にお》い

道端《みちばた》に転《ころ》がっている死体を見ることも、最初はショックでしたが、灰まみれで誰なのかも分からないし、そのうち慣れて、無関心になる感じでした。記憶に残っているのは臭《にお》いです。死体が腐敗《ふはい》する臭いと、死体を焼く臭い。

御幸《みゆき》橋の河原《かわら》で、夕方になると死体を焼いていました。木を並べて、死体を乗せて焼くんですが、なかなか燃えないんです。そして焼いていたら、何かの拍子《ひょうし》に死体が

黒い雨……原爆投下後に降った、放射性物質やすすを含んだ雨。

ピクンと動くんです。だから、まだ生きているのを焼いているんじゃないかと話していました。そんなことはないと思いますが。そうやって死体を焼く臭いが、夕飯時に風に乗って流れてくるのがくさかったです。

そういう光景をたくさん見ているからでしょうね。その後の人生で葬《そう》式《しき》に行った時などに悲しげな人を見たりしても、何も感じないというか、心が麻《ま》痺《ひ》しているように思います。戦争が残していった見えない傷です。

終戦後、デザイナーに

戦後は食べる物がありませんでした。川で貝を掘るのも、死体があるからしばらくは嫌でした。母と私と妹で、ヨモギや鉄道草（ヒメムカシヨモギ）などをむしって酢《す》漬《づ》けにして食べたり、カエルを捕《つか》まえて食べたりしました。

アメリカ兵が来たら、数《じゅ》珠《ず》つなぎで連れていかれるというデマが流れていたので、千《せん》田《だ》廟《びょう》公園の木《こ》陰《かげ》から妹とこっそり見ていたら、宇品港（現・広島港）から馬車の荷台に乗ってやって来た水兵たちが楽しげな様子です。私は、彼らは足長でスタイルが良く、

叔父の看病をする深田さんと家族（作者・提供：深田利幸）

水兵服が格好《かっこう》いいなと思いました。それから、ジープに乗ったアメリカ兵たちが御幸通りでお菓子を配るようになり、子どもらが「ギブミー、キャンディー」と群《むら》がっていきました。私は内向的だからもらいに行きませんでしたが。

学校が始まるというので、皆実国民学校へ行ったら、運動場に壊れた机と椅子を並べた青空教室。天気の良い日はいいけれど、雨が降るとテントを張っても隙間から雨が入り込んできて、ざら紙《がみ》の教科書が濡《ぬ》れると溶《と》けるんです。冬になると校舎の中に入ったけど、窓にガラスがないから廊下《ろうか》に雪が積もって、廊下でスキーや雪合戦。教室はストーブもないから、授業中は寒いのをひたすら我慢《がまん》でした。

戦後、父は土建会社を始めて、生活も次第《しだい》に良くなりました。兄も私も父の仕事を手伝うつもりでしたが、ある年、梅雨《つゆ》時の防波堤《ぼうはてい》工事が長雨のために中止、資金も尽きてしまい、会社は倒産してしまいました。私は市立広島工業高校在学中に防災訓練のポスターが入選したということもあって、デザインの仕事をしたいと思うようになりました。それで卒業後、教師の紹介でデザインスタッフとして地元の印刷会社に就職しました。美大を卒業したわけではないので見習いで入社しましたが、一年目に基礎の勉強をして、二年目からはデザインの仕事もさせてもらえるようになりました。

二十七歳で、同級生の妹と結婚して、仕事も独立しました。娘が三人います。四十二歳の時に胃潰瘍《いかいよう》がひどくて、死ぬかもしれなかったところを助かり、すでに倍近くも生きています。グラフィックデザイナーとして、八十二歳の現在までずっと仕事を続けさせてもらっていることも奇跡のように思います。現在は、私と妻と三女の三人暮らしです。

深田 利幸 さん

原爆の絵

孫が小学生の時に、「うちのおじいちゃん被爆者じゃけえ」と、学校で話したのがきっかけで、小学校で被爆体験を話したのが被爆六十年の頃です。その頃から、これまで話したようなことを絵にしたり、反核《はんかく》を訴えるポスターを描《か》いたりして、中国新聞社や地元の公民館で七回ほど展示会をしてきました。

灰まみれで死んでいた牛、やけどしていた叔父、血を吐いて死んだ弟、河原の火葬の様子、戦後の青空教室なども絵にして、説明も付けて見てもらいました。

この立派な平和都市・広島で、過去にこんなことがあったんだよと、若い人たちに知ってもらいたいです。被爆して苦しみと悲しみとともに死んでいった人々を思うと、今、平和であること、そして生きていける幸せに感謝の思いです。

人間は心が大切です。豊かな心を育《はぐく》んでもらいたい。豊かな心があれば、家族や周りを平和にすることができます。戦争は残酷《ざんこく》なものです。愚《おろ》かな行為《こうい》です。どの国も仲良くして、地球が一つの市のようになってもらいたい。そして「核廃絶《はいぜつ》」を成《な》し遂《と》げてほしい。それが私の願いです。

聞き取りを終えて

HIROSHIMA

武永 広樹 さん

僕は広島で生まれ育ったので、原爆の知識はある程度持っていました。でも、被爆者に直接話を聞くのは今回が初めてでした。深田さんの話を聞いて、知識だけでなく、心を知ることが大切なのだと感じました。

当時、国民学校二年生だった深田さんの日常は、朝起きて、寺へ行き、勉強して帰ること。その日常が原爆によって地獄に変わりました。「生きていくだけで精いっぱいでつらかった」と。今の僕たちの日常からは、想像もできません。でも、この受け入れがたい惨劇《さんげき》は二度と繰り返してはいけないと思いました。

戦後七十五年がたち、原爆を知らない人は増えています。だから、まずは知ることが大切だと思います。今回、深田さんの証言を聞き、原爆や戦争について知っているようで知らないことがたくさんありました。

戦後、どれだけ大変な中で、広島の復興《ふっこう》が成し遂げられたか。その苦労と努力を知り、後世《こうせい》へ受け継《つ》がなければなりません。今ある平和に感謝し、絶《た》えさせないこと。これが今の僕たちにできることだと思います。

◇◆◇◆◇

「道の真ん中を歩けば、戦闘機に機銃掃射《きじゅうそうしゃ》されるから、いつも端《はし》を歩いた」「アメリカが降伏《こうふく》を呼びかけるビラをばらまき、それを警察が回収していた」――深田さんの話は、どれも初めて聞く内容ばかり。普通に生活するだけでも、大変だったのだと感じました。

原爆の生々しい話も伺《うかが》い、特に深田さんの叔父さんの話がとても強烈でした。やけどにうじ虫が湧《わ》き出て、それを箸で取るというのです。最初はイメージがパッと浮かんでこなかったけど、よくよく想像してみるとどれほど残酷だったかが分かりました。

橋野 恒貴 さん

さらに印象に残っているのが、「道端に転がった死体の山を見ても、次第に慣れていった」との言葉です。毎日毎日、死体を目《ま》の当たりにすれば、無理やりにでも慣れないと気が持たなかったのでしょうか。「慣れ」というのは、時として、心までも変えるのだと、改《あらた》めて感じました。

学校で勉強することに慣れ、平和に慣れている僕たちにとって、平和の大切さが分かりづらくなっている。だからこそ、被爆者の心を知り、戦争の悲《ひ》惨《さん》さを学ぶことが大切なのだと思いました。

深田さん（中）が75年前に被爆した広島市南区の場所に立つ
武永さん（右）と橋野さん（左）

地獄の行進を見た

証言者
中瀬《なかせ》 百合子《ゆりこ》さん　九十歳
被爆時の年齢　十五歳

取材者
音堂《おんどう》 拓也《たくや》さん　十六歳
松浦《まつうら》 義広《よしひろ》さん　十六歳

糧秣支廠《りょうまつししょう》で被爆《ひばく》

私は、サンフランシスコ郊外のセバストポール市で、日系二世として一九二九年（昭和四年）十二月二十三日に生まれました。七人きょうだいの一番末で、実母の妹に子どもがいなかったので、養女にもらわれて広島に来ました。まだ二歳になっていない頃です。実父は私が生まれる前に亡《な》くなりました。実母は、上の四人の兄と姉をアメリカに残して、まだ幼《おさな》い三人を連れて戻ってきたのだと思います。

私が育った家は宇品《うじな》の御幸《みゆき》通り一丁目

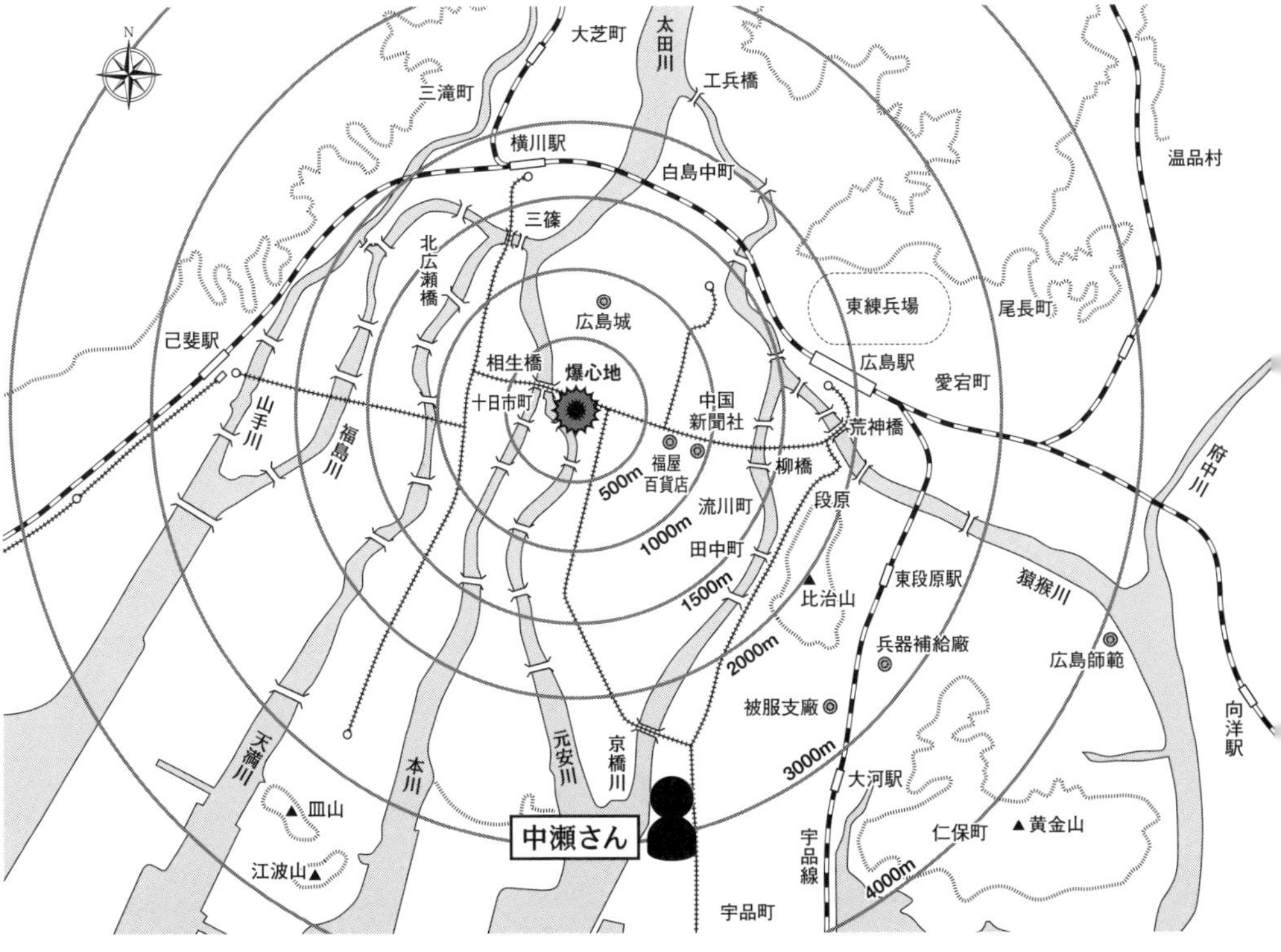

（現・南区宇品御幸）ですが、二丁目には実母の家があって、実母と兄と姉がいたから、よく遊びに行っていました。

　養父母には大事に育ててもらいました。子どもの頃、振袖《ふりそで》を着せてもらって、お弁当を持って土手にお花見に行くのが楽しみだったことを覚えています。

　被爆《ひばく》当時は十五歳。千田《せんだ》町（現・中区千田町）の山中高等女学校（広島女子高等師範学校附属山中高等女学校）の生徒でした。一年の頃は授業もまだあったけれど、二年になると勤労奉仕《きんろうほうし》※が増えて、三年になった四五年（昭和二十年）には朝八時から夕方五時くらいまで勤労奉仕ばかりでした。私は毎日、御幸通りの広島陸軍糧秣《りょうまつ》支《し》廠《しょう》（現・広島市郷土資料館を含む一帯）に通って、肉の缶詰を作っていました。牛が、モーモーって御幸橋を渡ってきます。運ばれて食肉処理されるのですが、ドブが赤く血で染《そ》まっていて血の臭《にお》いがしました。牛も何か感じるのか動いてくれず、連れてきた人が困《こま》り顔をしていたこともありました。

　次第《しだい》に食べる物もなくなっていきました。カボチャも今と違っておいしいカボチャじゃないの。わが家は、それでも裕福なほうだったから食べられたけれど、食べられ

勤労奉仕……戦時中に、労働力不足を補うため、強制された労働。

ない人も多かったでしょう。野原でバッタをいっぱい捕《と》って、炒《いた》めて食べたこともありました。

糧秣支廠でも、肉がなくなって缶詰作りの仕事もできないので、私たちは農作業をしたり、れんがを運んだり、しんどい仕事ばかりでした。川沿いの土手で、芋《いも》を作っていた時に、カラスの群《む》れのようにB-29爆撃機が飛んできて、呉《くれ》市を爆撃するのが見えました。B-29って大きくて、それも五機、十機じゃないの、もっとたくさん。土手のほうは一面埋め立てられていて何もないから、まるで映画のようによく見えて、悔《くや》しくてつらかったです。

八月六日の朝も私は糧秣支廠にいました。作業着に着替えながら、ぺちゃくちゃ喋《しゃべ》っていたら、ピカッと光ったんです。「照明弾※だ！」「いや、照明弾じゃないわ！」と言い合いながら、急いで机の下に潜《もぐ》って、訓練していたように目と耳を押さえました。辺《あた》りが暗くなって、グーッとくる圧力というか、すさまじい爆風《ばくふう》が建物の中にも入ってきたのを机の下で感じました。しばらくして机の下から出ると、みんな真っ黒な顔になっていました。土の臭いが鼻を突《つ》きました。着替えの途中だったから、自分たち

照明弾……空中で炸裂し、強い光を発する弾丸。夜間の敵地の監視・観測あるいは信号などに用いる。

が脱いだ制服が飛ばされて、天井《てんじょう》辺りに引っかかっているのを、「これは誰の制服よー」と言いながら、真っ黒い顔を見合わせては大笑いしました。

頑丈《がんじょう》な建物の中にいたから、けがはしていませんでした。それからどれくらい時間がたったのか分かりませんが、先生から帰っていいという指示が出たので、帰ろうと建物の外に出ると、辺りはどの家も柱だけ残して、屋根はぐちゃぐちゃにまぜられたように崩《くず》れていました。不思議《ふしぎ》な光景でした。爆心地のほうは見ていませんが、何という爆弾だろうと思いました。

わが家も柱だけになっていましたが、両親は無事でした。私が帰ると「ああ、生きとった、帰って来た」と涙を流して喜んでくれました。

地獄《じごく》の行進

その後、「学校に行ってみよう」と友だちと一緒に向かったら、御幸橋の欄干《らんかん》が片方落ちていて、橋の上には傷ついた人々が横たえられていました。友だちが「水くれって言われるからねー。見ちゃいかんよー」と言いました。見ないように歩いていたけ

大やけどをした人たちがとぼとぼ歩いている（作者：小橋染春／提供：広島平和記念資料館）

れど、そこに同級生がいたんです。呼びかけられて、声で分かったの。彼女は何かで挟《はさ》まれて、胸がボコッと出ている、と言っていたので、学校でけがをして運ばれてきたんでしょう。「水ないかいね……」と言うんですが、私は看病もできず、水もあげられずにうろうろして。その後は覚えていません。でも戦後、学校が始まった時に、その同級生は生きていたので安心しました。

結局、学校には行けずに、橋から引き返したと思います。後から、広島は全部燃えてダメよって聞きました。山中高等女学校も全部焼けました。勤労奉仕に出ていた生徒たちも大勢犠牲《ぎせい》になりましたが、よく分かりません。忘れよう忘れようとしてきたので。

家に戻ってから、わが家の前の御幸通りを、たくさんの人が伸ばした両手から、ずるーっとむけた皮膚《ひふ》をぶら下げて歩いていくのを見ました。初《はじ》めは服だと思っていたら皮膚だったのです。私は怖いのをこらえながら、そんな人がいっぱい歩いているのを隠れて見ていました。目は飛び出して落ちそうになっていて、髪《かみ》は逆立って。ああ、地獄《じごく》の行進じゃ……って思いました。

黒い雨が降るのも見ました。建物疎開《そかい》で空き地になって、その向こうは焼けて何もないから、広島駅のほうまで見えました。自分がいるところは降ってないんですが、坂の向こうにバアーッと降るのが見えて、その雨は黒かったのです。全部、映画を見ているようでした。その時は原爆《げんばく》なんて分からないから、ただただ不思議な光景でした。

実母の被爆

当時、私は御幸橋から爆心地方向には行っていません。原爆の後、実母を捜《さが》しに行きたかったけれど、私を養女にした両親にとっては、大切な一人娘だったから、市街には行かせてもらえませんでした。

実母は、鶴見《つるみ》橋で勤労奉仕をしていて、原爆に遭《あ》いました。宇品の郵便局で働いていて無事だった姉と、私の両親が広島市内を捜し回りました。兄は予科練※に入っていたから、広島にはいませんでした。

実母が陸軍共済病院（現・県立広島病院）に収容されていたのを、姉が見つけました。顔が焼けただれて誰だか分からなくなっていたけれど、声と歯並びで分かったらしい

予科練……海軍飛行予科練習生（航空兵を目指す学生）およびその制度の略称。

です。実母は陸軍共済病院から似島《にのしま》に運ばれ、その後、鯛尾《たいび》（現・安芸《あき》郡坂町鯛尾）の救護所に送られました。姉が付いて看病していました。

私は、実母に会おうと似島に行きました。行くと、講堂のようなところに、やけどを負って、誰が誰だか分からない顔になっている人たちが、ズラーッと並べられていました。本当にむごい……。あ、この人は死んでいる、この人は生きている、この人は今晩死ぬわ……という感じで。横たえられている人が突然、「お母さん！」と叫《さけ》んで立ち上がって倒れて死んだのを見ました。それをむしろ※で包《つつ》んで投げて、これは明日焼く、というふうな、そんな感じ。……むごいよねえ。

実母には似島では会えなくて、少したってから鯛尾に見舞いに行きました。その時に、母の足首の皮膚がボコッと膨《ふく》れているので、腫《は》れを取ったら楽になるかもしれないと、姉がはさみで皮膚を切ってあげたんです。すると、中にうじ虫がたくさん湧《わ》いていて。しかも二カ所も。〝生きた人間にそんなものが……〟。もう、ぞっとして、私は気絶しそうになりました。とても見ていられませんでした。

広島市内でも似島でも、そこらじゅうで、人がむしろにくるまれて山盛りにされて

むしろ……藁で編んだ敷物。

焼かれていました。わが家の近くでも人間を焼いていて、藁《わら》があればいいけど、なければそこらの木で焼いて。それがくさくて、くさくて。イワシが腐《くさ》ったのを焼いたようなひどい臭いが鼻につきました。よどんだ空気を吸うのが苦しかったです。どこかに新鮮な空気はないか、という感じでした。逃げたいけれど逃げられない。「原爆症に効《き》く」と言って、人を焼いた骨を拾ってきて、すりつぶして飲む人もいたんですよ。鬼のようですよね。

原爆の後、私は下痢《げり》が二、三カ月続きました。そういう人は多かったと思います。徐々《じょじょ》に治まっていきました。

話すのがつらい

通っていた山中高等女学校は、戦後、安浦《やすうら》（現・呉《くれ》市安浦町）の旧海兵団跡の施設を借りて再開したので、そこに通って卒業しました。その後は、和裁と洋裁の学校に行って、戦後十年ほどした時に、アメリカでイチゴ農家を営んでいた兄に呼ばれて渡米しました。戦争中は、アメリカの兄や姉たちは日系人の収容所に入れられて苦労したのでしょうが、話を聞いたことはありません。苦労のことは聞かないし、話さないんです。

私はアメリカに来て、憧《あこが》れのブーツを買ってもらって喜んでいたのですが、その後はイチゴ畑を手伝わされました。毎日シャベルを持たされて。何しにアメリカに来たのかしらと思いました。

実は兄の友人も、日本にいた弟を呼び寄せていました。兄たちは、それぞれの弟と妹を結婚させようと考えていたようですね。私たちはアメリカで結婚して、イチゴ農家の手伝いをして、娘と息子が生まれました。

被爆で大やけどをした実母は、その後も生きました。やけどのせいで顔は全《まった》く変わってしまったけれど、元気になったんです。私がアメリカに渡った後、実母と姉もアメリカに渡りました。姉もイチゴ農家を始めて、実母も手伝っていました。姉は自分の子どもができなかったので、横浜の児童養護施設から女の子と男の子の養子をもらいました。男の子はアメリカで寿司《すし》店をやっています。

私は、一九六五年（昭和四十年）に、夫と二人の子どもと一緒に日本に戻りました。跡取《あとと》り娘なので、戻らないといけなかったから。それからずっと日本で暮らしています。

中瀬 百合子 さん

原爆のことを、私はあまり話したことがありません。思い出したくないし、話すとつらくなります。アメリカに対する憎《にく》しみも生まれるでしょう。原爆がどんなに恐《おそ》ろしいか知らないから。だから、家族にも話しませんでした。

思い出したくない、話したくない、忘れよう忘れようと思って生きてきたわけですが、時期が来たのでしょうね。実母も両親も兄や姉もみんな亡くなり、私も九十歳になりました。生きている間に話しておこうと思いました。平和が一番ですよ。人間の尊厳を守る、生命を大切にする生き方をしてくださいね。

聞き取りを終えて
HIROSHIMA

音堂 拓也 さん

当時十五歳だった中瀬さんは、肉の缶詰を作る勤労奉仕に通っていて、八月六日も作業する予定だったそうです。

今、僕は十六歳。生まれてくる時代が違えば、強制的に働かされ、原爆に遭っていたかもしれない……。そう思うと、ぞっとしました。

原爆が投下された後、中瀬さんのお母さんは、原爆後《こう》遺《い》症《しょう》に苦しまれたそうです。当時は情報がないので、状況が分からず、何が起こったのか把《は》握《あく》できなかったとのこと。情報を得る手段がなかった戦時中に比べ、インターネットが普及している現代の僕たちは、どれほどの恵《めぐ》まれた環境にいるのか自覚することができました。

中瀬さんは、「命を大切にしてほしい」と強く語られました。未来を担《にな》う若者が強い意志を持って、「人間尊敬」の精神で生きてほしい。そして、核《かく》兵器を作るためのお金と労力を、平和のために使ってほしいと語られました。

中瀬さんの証言を聞き、「戦争」という過《あやま》ちを、二度と繰《く》り返さないように、原爆の悲《ひ》惨《さん》さを伝えていくことが僕たちにできる平和への第一歩だと感じました。これからも平和について学び考えていきたいです。

◇ ◆ ◇ ◆ ◇

僕の祖父は、爆心地から八五〇メートルで被爆しました。被爆三世の僕は、これまで多くの平和教育を受けてきましたが、被爆者の話を直接聞くというのは初めてで、少し緊張しました。

日系アメリカ人二世の中瀬さんは、十五歳の時に被爆されました。やけどを負った人たちが「水をくれ」と頼《たの》んできたけど無視した。皮膚をぶら下げて歩いていく人々の行列から逃げた。再会したお母さんの体に、無数のうじ虫が湧いていた……。時々体を震《ふる》わせながら、七十五年前の光景

松浦 義広 さん

を語ってくださいました。

　戦後、渡米した中瀬さんは、あるアメリカ人に「戦争を終わらせるために仕方なく原爆を使ったのだ」と言われたそうです。一方、日本人の僕たちは、「原爆が投下され、太平洋戦争が終わった」という事実だけを学校で習います。そして、「悪影響だ」「トラウマになる」と、生々しい資料は使われなくなりました。

　僕にとって大切なのは、今しっかり勉強して、正しい歴史を知ること。原爆の恐ろしさを学び、平和のために、自分自身が変わっていこうと思います。

中瀬さん（中）が被爆した糧秣支廠は今、資料館になっている
（右隣が松浦さん、左隣が音堂さん）

台湾《たいわん》で生まれて広島へ

証言者　増井《ますい》健三《けんぞう》さん　九十三歳

被爆時の年齢　十八歳

取材者　土井《どい》心《こころ》さん　十六歳

錦織《にしこおり》由菜《ゆいな》さん　十七歳

台湾《たいわん》から日本へ

僕の故郷《こきょう》は、台湾《たいわん》中部の西海岸にある鹿港《ろっこう》。僕はそこで一九二七年（昭和二年）に生まれた。台湾名は陳墀堯《ちんぢぎょう》。日本名は田川健三を名乗っていた。家族は両親と姉三人、兄二人で、僕は六人きょうだいの末っ子。当時の台湾は日本の統治下だったから、教育は日本と同じだった。僕は国民学校高等科を卒業した。父は書家で、家は貧《まず》しかった。姉たちは結婚して、兄たちも働きに出ていた。進路をどうしようかと考えていた頃、台湾総督府《そうとくふ》が北部の淡水《たんすい》に海員養成所を設立したの

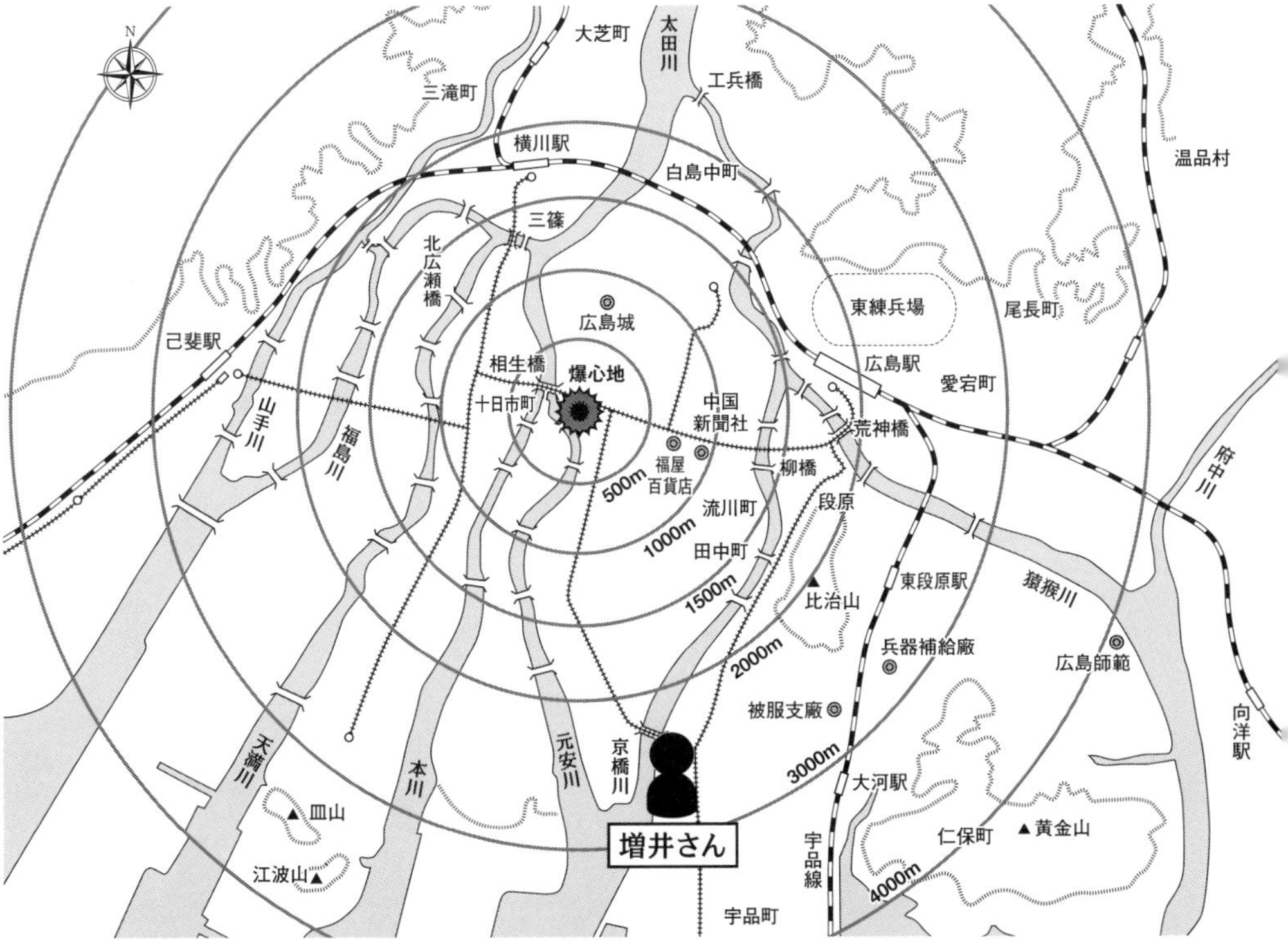

で、そこを志願して受かった。二年間学んで、卒業後、友だちのフーさん（傅文竜《フーブンリュー》）と基隆《きいるん》の町で仕事を探して、四四年（昭和十九年）十一月、十七歳の時に「快速丸」の乗組員になった。「快速丸」は日本の民間の海運会社の給油タンカーだった。

　ところが、付近の海には米軍の潜水艦《せんすいかん》がいて、なかなか基隆の港を出られない。一週間待って、ようやく風雨のきつい夜に港を出たけど、七隻《せき》の船のうち六隻は、貨物船で速度が遅かったからだと思うが、米軍の魚雷《ぎょらい》※にやられて沈没《ちんぼつ》してしまった。翌朝、僕らの乗っていた一隻だけが残っていた。

「快速丸」は十一月から翌年の一月までの二カ月間、上海《シャンハイ》のドック※に入った。その間に、日本人の乗組員は汽車《きしゃ》で北京《ペキン》・朝鮮《ちょうせん》半島経由で日本に帰り、新しい乗組員が逆コースで上海に来る。僕らはずっと上海で待っていたけど、冬の寒い時で、もらった古い軍服はシラミがいっぱいで嚙《か》まれたし、寒いし寂《さび》しくて泣いた。でも若いから、遊びに行った。上海にはイギリス租界《そかい》※、フランス租界とあって、僕らは日本租界に行ったけど、夜になると「早く船に帰りなさい。日本人と分かったら殺されるよ」と言われた。もう敗色が濃かったからだと思う。

魚雷……艦船などを破壊するためのスクリューで走行する水中ミサイル兵器。
ドック……船の建造・修理をする施設。
租界……1845 年から中国大陸各地の港で、イギリスや日本などの外国が行政・警察を管理した組織およびその地域。

上海を出た後は、青島《チンタオ》に行って、落花生《らっかせい》の油を船に積み、山東省《さんとうしょう》から朝鮮半島をたどって日本に向かった。当時は、海も空も米軍に制圧されていて、昼間は危険だから、夜に船を走らせた。四五年（昭和二十年）三月に山口の周防大島《すおうおおしま》に着いて、五月からは広島の宇品《うじな》（現・南区宇品）で陸軍の船舶《せんぱく》部に所属し、戦時徴用船《ちょうようせん》※として、徳山（山口県）、尼崎《あまがさき》（兵庫県）、水島（岡山県）、和歌の浦《うら》（和歌山県）などに油を運んだ。

七月の終わりには、船は呉《くれ》に係留《けいりゅう》していて、大空襲《くうしゅう》に遭遇《そうぐう》した。一週間ほど、毎日米軍機が飛んできた。その空襲の最終日、「快速丸」が米軍機に見つかってしまった。その日も夜に船を走らせて、仕事を終えた後、僕は甲板《かんぱん》に置いてあった連絡用のボートで寝ていた。船長に、「風邪《かぜ》をひいてはいけないから、船室に戻れ」と言われて、その場を離れたのが朝の五時。その一時間後に、ボートがあった場所を米軍機が爆撃した。もしボートにいたら僕は死んでいた。「快速丸」は真っ二つに裂《さ》けて沈没。その時、船の半分、重たい機関部のほうはすぐに沈《しず》んだけど、軽い船室のほうは昼頃まで沈まなかったので助かった。

それから仁方《にがた》町（現・呉市仁方）の寺に一泊か二泊して、宇品の船舶運営会の寮《りょう》に行っ

徴用船……戦時中、国の命令により、船員ごと強制的に動員された民間の船舶。

た。そこは民間の船員が泊まる寮だった。船もないし、仕事もないから、フーさんと僕は寮から街《まち》に遊びに行っていた。

八月六日

八月六日の朝は、人に頼《たの》まれて、フーさんと一緒に宇品から千田《せんだ》町（現・中区千田町）方面の日本冷凍という製氷会社へ向かっていた。神田《かんだ》通りの途中で大八車《だいはちぐるま》（人力の荷車）を借りて、皆実《みなみ》町（現・南区皆実町）に近い辺《あた》りに来た時、ドーンという大きな音が鳴り響《ひび》いた。今までに聞いたことがないくらい大きく、耳に痛みが走るほどの爆音。市の中心部のほうで煙《けむり》が上がっていた。キノコ雲がもくもくと上がっているのがはっきり見えた。「八丁堀《はっちょうぼり》へ火事を見に行こう」とフーさんと話して、大八車を返してから、市の中心部に向かった。

御幸《みゆき》橋が境《さかい》だった。皆実町のほうは家も倒れていないし、生活の音や人の話し声、いろんな音が聞こえるが、御幸橋を渡ったら、何かシーンとして、僕が今思い返す印象では、無声映画のように音がしない、薄暗い、死の世界に迷い込んだ感じ。千田町、

原爆によって起こったキノコ雲（撮影者：木村権一／提供：広島平和記念資料館）

平野町（現・中区平野町）のほうは、家が倒れてぺちゃんこになっていて、小さな火がパチパチと燃えて、壊れた家の中から「助けてー」「水をくれー」という低い声が聞こえた。朝八時半くらいだったと思う。僕らは電車通りを恐《おそ》る恐る行ったが、やがて火の手が上がって、人間が焼ける臭《にお》いがしてきて吐《は》きそうになった。広島電鉄車庫の前まで来たが、あまりにも不気味《ぶきみ》で気持ち悪いので引き返した。

宇品港（現・広島港）の近くの郵便局まで引き返して、向かいの木の下に座り込んで、夕方までフーさんと二人で呆然《ぼうぜん》としていた。近くにいた兵隊が、「これは大きな爆弾だなあ」「普通の爆弾じゃないな」と話しているのを聞くともなく聞いた。灰をかぶった人や、髪《かみ》の毛が焼けちぎれたような人が通り、生きているか死んでいるか分からないが、服がボロボロで血まみれになった人をたくさん積んだ大八車が港のほうに運ばれていくのを見た。今から思えば、臨時の救護所が置かれた似島《にのしま》に向かったのかもしれない。

夕方になって寮に戻り、食事の前に風呂に入った時に、後ろの髪の毛がごそっと抜けた。直径五センチ分くらい抜けて、どうして抜けるのだろうと思った。それ以上は怖いから触らなかった。翌日からは下痢《げり》が一週間続いた。僕の考えでは、夕方まで外にいたから、風が吹いて放射性《ほうしゃせい》物質が流れてきて、それを浴《あ》びてしまったのかなと思う。でもその後は何もない。髪が戻るのに一カ月くらいかかっただけ。

御幸橋を渡って、三十分ほどで引き返したのが良かったと思う。船の沈没から助かったことといい、僕は本当に運がいい。

終戦後、日本で生きて

八月十五日、終戦になったことを寮のラジオで知って、僕とフーさんは街の様子を見に出かけた。その時は、現在の広島平和記念公園の辺りまで行った。一面の焼け野原で、市役所や百貨店のコンクリートの建物がいくつか残っているくらい。人はあんまりいないが、みんな気が抜けたように、ボサーっとしていた。兵隊が座《すわ》り込んで、東に向いて頭を下げている姿を何人か見た。

終戦しても、僕とフーさんは行くところがなかった。台湾に帰ろうにも、どうすれば帰れるのか分からない。会社からは、「戦争に負けたからもう雇《やと》えない」と言われて放り出されてしまった。行き場がないまま、八月の終わりまで寮にいて、それから吉浦町（現・呉市吉浦町）の港に行った。終戦で日本人が船を降《お》りてしまった四隻の留守番《るすばん》を頼まれて、僕とフーさんと数人が行くことになった。それが結構良かったのは、給料はないけど、船にはたくさんの米が積んであったから。漁師《りょうし》が米を買いに来るし、江田島《えたじま》や似島の人が船の油を買いに来るから、それを売って自分らの給料にした。翌年、広島・呉―大分・別府《べっぷ》航路をつくるのに邪魔《じゃま》になるから移動させろと言われて、船を坂《さか》町の港に移動させて、そこにも半年以上いた。

船を降りた後、フーさんは結婚して広島で食堂を開いた。僕は、中国地方や九州地方のいろんなところへ行った。浜田（島根県）、仙崎《せんざき》（山口県）、八幡《やはた》（福岡県）、熊本……。言葉の訛《なま》りを問われた時は「九州の南のほうの出身」とごまかした。外国人と分かると、仕事を見つけられなかったり、アパートを借りられなかったりするから。仙崎では、戦時中に台湾で警察署長をしていたという日本人と親しくなった。終戦の引き揚《あ》げの時、台湾の人たちは日本人に対して良くしてくれたと言っていた。

熊本にいた時、最初の結婚をして、娘が一人生まれたけど、その子は四歳の時に赤《せき》痢《り》※で亡《な》くなってしまった。その後も僕はいろんな土地で働いたり、広島に戻ってフーさんのお店で働かせてもらったりしていた。

平和楼《へいわろう》

今の奥さんは、広島のビアホールで働いていた時の同僚で、一九六〇年（昭和三十五年）に結婚した。翌年、娘が生まれて、僕も落ち着いて暮らすために店を持つことにした。広島の台湾出身者の人たちが保証人になって助けてくれて、信用組合から融資《ゆうし》してもらった。薬研堀《やげんぼり》（現・中区薬研堀）に中華料理店を開いたら、繁華街《はんかがい》だし、オリンピックの前で景気が良かったからとても繁盛《はんじょう》した。被爆者健康手帳※も六三年（昭和三十八年）に取得した。

店を出した時の借金も返済できたので、六六年（昭和四十一年）に僕は妻子を連れて戦後初めて台湾に帰った。仕事に出ていったまま二十年以上も音沙汰《おとさた》がないから、家族は僕のことをもう死んだものと思っていた。両親や兄たちと再会できたあのうれしさは忘れない。父はその翌年に亡くなった。

赤痢……赤痢菌によって起こる急性の腸管感染症。
被爆者健康手帳……原子爆弾で被爆した人に対して交付される手帳。医療費などの支援を受けられる。

六九年（昭和四十四年）、中国新聞社が移転するのにあわせて、僕も店を移転して、広島平和記念公園の川向かいに「平和楼《へいわろう》」という店を開いた。新聞社の近くなら、店をやっていけると思ったから。台湾人の友人たちは、薬研堀のほうが儲《もう》かるのにどうして移転するのかと言ったけど、僕の家は娘一人だから、そんなにお金は要《い》らないし、僕は日曜日を休みにして娘と一緒に過ごしたかったから。

「平和楼」は二十年続けて引退した。今はフーさんも他の台湾人の友だちもみんな死んで、二世、三世の時代になった。

若い人たちへ

僕は、戦後の国際情勢に翻弄《ほんろう》された。生まれた時は台湾が日本の統治下だった。でも、戦後は中華民国※になったから、中華民国の国籍《こくせき》では良くないこともあるかなと思い、籍を抜いて、しばらくは無国籍のままだった。

一九九〇年（平成二年）に非政府組織（NGO）が運営するピースボートの世界一周の旅に参加した。その時、日本国籍を取得した。世界を見るのは勉強になるんじゃない

中華民国……1912年に中国大陸で最初に成立した共和制国家。

かと思って、娘を連れて行った。ベトナムやカンボジア、フィリピンなど、戦争の傷《きず》跡《あと》にも触れながら約二十三カ国を回った。

相手を知ることが平和への第一歩だと思う。若い人たちには世界の人々と交流してほしい。戦争はけんかと同じことで、殴《なぐ》ったり殴られたり。負けても痛いけれど、勝ってもいつ復讐《ふくしゅう》されるかと気になる。友だちとは仲良くするのが一番いい。

今の若い人は僕らの頃よりたくさん勉強しているし、偉《えら》いと思う。ただ、やっぱり、自分で歩いて苦労して、いろんな話を聞くのはいいこと。視野を広げて、良いことか悪いことか、自分で判断していく力《ちから》を養《やしな》っていけばいいと思う。

増井 健三 さん

土井 心さん

小学生の時から、「総合的な学習の時間」などで被爆者のお話を聞く機会はあったものの、実際に少人数で聞き取りに行くことは初めてでした。だから、被爆証言の聞き取りがあると知った時は、興味が湧《わ》くと同時に、不安も感じました。

「あの日、僕はここで原爆《げんばく》に遭《あ》ったんです」――証言者の増井さんは、笑顔を浮かべながら、淡々と語ってくれました。でも、時々見せる悲しそうな表情が印象的でした。

台湾を植民地にされ、日本に来て原爆に遭い、故郷にも帰れず、国籍もなくなってしまった。話を聞いただけでは計《はか》り知れないような体験の数々に、胸が痛みました。

私は「増井さんが思う平和って何ですか？」と尋《たず》ねました。「戦争はけんかと一緒で、皆が仲良くしていれば起こらない。人と仲良くするのが平和です」と増井さんは答えてくれました。簡単そうで、難しいことだと感じます。今、自分にできること――それは、もっと家族や友人を大切にすることだと思います。

増井さんの話を聞く前、私は証言を聞くことが少し怖かったです。それはきっと、この国で起こった過去を知りたくなかったから。でも今なら、その悲劇《ひげき》を繰り返さないために、原爆の恐ろしさを伝えていこうと思えます。

あの日の増井さんの笑顔が忘れられません。あの笑顔を守ることが、平和につながるのだと思います。

錦織 由菜 さん

◇ ◆ ◇ ◆ ◇

これまで学校で平和について学んできたので、「原爆の話を聞きに行こう」と言われた時は、高校生になってまで、何を学び直すのかと思いました。しかし今は、自分の考えが間違いだったと気が付きました。

私は、数少ない台湾出身の被爆者である増井さんに話を伺《うかが》いました。増井さんは、「八月六日は、無声映画のような音のない世界に行ったようだった」と語られました。私は十六年間生きてきて、「音がない」と感じたことは一度もありません。その時、初めて、想像を絶する体験をされたのだと感じることができました。

　また、増井さんがご両親と再会するのに二十年以上かかったことに驚きました。「長い間、なぜ故郷の台湾に帰らなかったのですか？」と質問すると、「中国と台湾が対立し、情勢が緊迫《きんぱく》して、帰る機会を逃してしまった」と答えてくださいました。

　当たり前の日常を送ることができな

御幸橋の前で75年前の惨状を語る増井さん（左）と、真剣に聞き入る土井さん（中）と錦織さん（右）

い「戦争」という非日常——その苦労は、体験した人にしか分からないものがあるのだと、改《あらた》めて知りました。

広島で生まれ育った私には、一生学び続ける責任があります。私のように普通に平和があると考え、深く知ろうとしない高校生も多いはずです。だからこそ、平和のありがたさを少しずつ伝えていきたいと、強く思います。

足に残ったガラスの破片

証言者
濱《はま》本《もと》 松《まつ》子《こ》さん　八十三歳
被爆時の年齢　八歳

取材者
杉《すぎ》田《た》 舞《まい》さん　十七歳
三《み》浦《うら》 徳《のり》華《か》さん　十六歳

八月六日

私は幼《おさな》い頃、倉橋島《くらはしじま》の鹿老渡《かろうと》（現・呉《くれ》市倉橋町鹿老渡）に住んでいて、小学校に入学した後、宇品《うじな》（現・南区宇品）の五丁目に引っ越したの。きょうだいは三歳年上の兄と、双子の姉（鶴子《つるこ》）と私。生みの母は、二歳の時に亡《な》くなっていて顔も知らない。七歳の時に新しいお母さんが来るというから、喜んだら違ったの。スパルタママ。手伝いをしなかったら、鍋《なべ》の蓋《ふた》や釜《かま》の蓋が飛んできた。「出て行けぇ！」と怒られて、兄と私ら双子はよく外に出された。

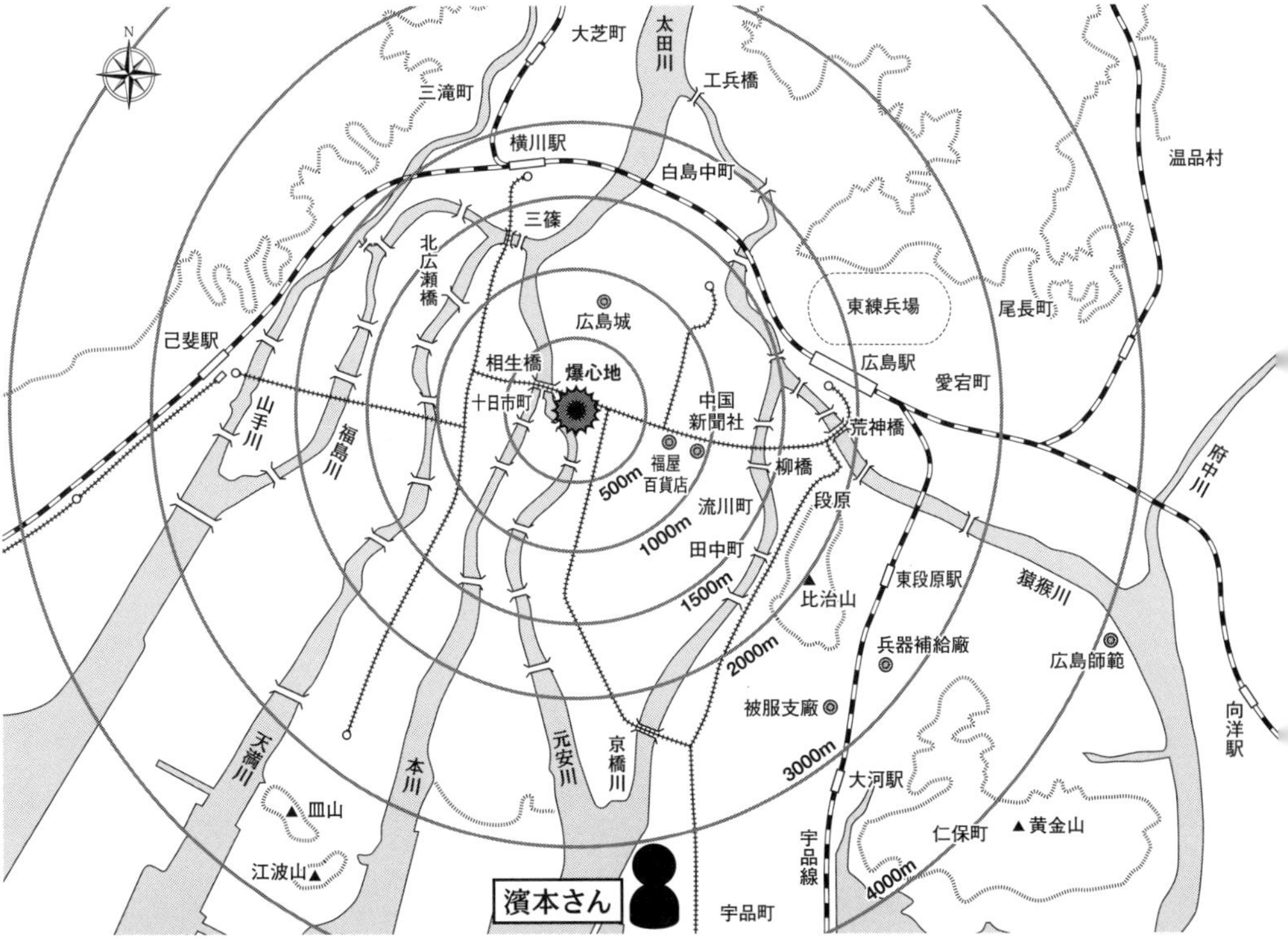

原爆《げんばく》の時は八歳で、国民学校二年生。兄は倉橋に疎開《そかい》していたから、宇品の家は、父と母と私ら双子の四人が暮らしていた。父は船乗りで、陸にいる時は、海岸通りの風呂屋で風呂焚《た》きの仕事もしていた。私らは宇品国民学校に在籍していたけれど、三年生以上は疎開していて、一、二年生は分散学校で、すぐ近くの風呂屋（いなり湯）の二階に通っていた。

八月六日の朝は、姉と友だち四、五人でいなり湯に行く途中、飛行機が大きな音で飛んでいた。「きょうは飛行機の音がすごいね」と言いながら歩いて、角を曲がった時にピカッと光った。それからドカンという大きな音がした。その時、私の三歩前を歩いていた女の子が、きりきりっと回ってぱたんと倒れて、それがとても怖かった。その子がなぜ倒れたのか、それからどうなったかは分からない。私はその子が死んだと思った。

姉と私は逃げた。光といい、音といい、何かとんでもないことが起こったと思った。「何かあったら、どの家にでも入って防空壕《ぼうくうごう》に入れ」と父に教えられていたから、すぐにその辺《あた》りのよその家に上がり込み、誰もいなかったけど、押し入れを開けて布団を

分散学校……空襲や火災などによる被害を少なくするため、各地に分散した学校。

出して、姉と二人で布団をかぶった。そうしていたら、「鶴子ー、松子ー」と叫《さけ》ぶ父の声が聞こえた。父が私らの防空頭巾《ずきん》※を持って捜《さが》しに来た。父はガラスで切った首を押さえていた。「夕べ入っとった防空壕へ行け」と父が言った。

途中の道はいろんな物が散乱していて、私はドブの上に重なったガラス戸に足を突っ込んだのだと思う。防空壕に着くまでは気付かなかったけど、見ると左足が血で真っ赤になっていた。防空壕にいたおばさんに見せて「ここが痛い」と言ったけど、「そんなの何でもない」と、何もしてくれなかった。後から来た父が、「大丈夫か。お前も足をけがしとるじゃないか」と言った。見る見るうちに、足がボコボコに膨《ふく》れてきたけれど、結局、何も手当てしなかった。

恐ろしい光景

翌日、親戚のお姉さんが広島市内にいるというので、父が捜しに行くことになった。良くしてもらったお姉さんなので、私も足が痛いのをひきずりながら父について行った。姉は行かず、父と私だけで行った。

防空頭巾……空襲の際に落下物から頭部を守る頭巾。

御幸《みゆき》橋を渡ってからが恐《おそ》ろしかった。馬も犬も人間も全部焼け焦《こ》げて、そこらに転《ころ》がっていた。人間の親子が、伸ばした手を重ねた格好で白骨《はっこつ》になっていた。骨が重なっていたのは助けようと思ったのかと考えると、本当に怖かった。「松子、大丈夫か」と父が言うので、「父さん、怖いけん、帰ろうやあ」と言ったら、「ここまで来たけん、捜さんといけん。みんなが集められとるところまで行かんか」と父が言った。どこの救護所か分からないけど、建物に入ったら、皮膚《ひふ》がちぎれた人や、手や足がなくなった人が、むしろの上に寝かされて、白い薬をつけられて「水ください」と言っていた。父は「水をあげたら死ぬけん、あげたらいかん」と言った。……思い出したら、呼吸が苦しくなる。広島県産業奨励館《しょうれいかん》（現・原爆ドーム）の横の元安川《もとやすがわ》は死体でいっぱいだった。水に浮かんで死んでいるのが、あまりにも異様で怖くて、「父さん帰ろう、父さん帰ろう」と泣きながら歩いた。後になって、親戚のお姉さんは広島じゃなくて大阪に行っていたことが分かった。

　戦後、広島平和記念資料館の展示を見に行ったことがあるけど、こんなもんじゃない、もっともっとひどかったと思った。

死体の浮かぶ川（作者：星志津子／提供：広島平和記念資料館）

船で暮らす

原爆でわが家は天井《てんじょう》が落ちて住めなくなった。家がないから、父が仕事で乗っていた冨島組の船でしばらく暮らした。八月八日頃、飼っていた犬がいなくなって、船を降《お》りて宇品の県営桟橋《さんばし》の辺りを捜していた。すると、宇品と似島《にのしま》を行き来する船から、裸で真っ白い薬をつけられた人たちが運ばれて来て、桟橋に敷《し》いたむしろに寝かされていた。私は足をつかまれて「水をください」と言われて、もう怖くて怖くて逃げ帰った。

いなり湯の二階から土手のほうを見たら、死んだ子をお父さんが穴を掘って焼いているのが見えた。兵隊の人らが死んだ人を積み上げて焼くのも見た。

原爆が落ちてからの生活は本当に惨《みじ》め。まず食べる物がない。いなり湯で、菱形《ひしがた》の薄い餅《もち》を配ってくれたが、家族が四人でも二つしかもらえない。おなかがすいてたまらなかった。兵隊が乾《かん》パンを倉庫に入れているところに行って、もらって食べたり、よその畑のイモや、トマトのまだ青いのも取って食べたりした。そのせいで今もトマトが嫌い。

父は、船で宮島《みやじま》に物資を運んでいた。海に捨てるためなのか、爆弾も運んでいた記憶がある。宮島の山はマツタケが採《と》れた。父に言われて、たくさん採ってきたこともあった。

十歳から働いて

街《まち》が焼けて比治山《ひじやま》がすぐ近くに見えた。春にはお花見をする人もいたかもしれないが、私らは貧乏《びんぼう》のどん底。小学校も行かせてもらえなかった。育ての母に「働け」と言われて、姉と私は十歳で別々のところに働きに出された。仕事は農家の子守《こもり》。私は山畑に弁当を持って行くのが、虫が怖くて嫌でたまらなかった。ご飯は食べさせてくれたけど、あれこれ用事を言いつけられて夜中の十二時まで寝かせてもらえなかった。

心が休まるのはお便所だけ。お便所に入って「母さん！」って泣いて、出たら何でもないふりをした。生みの母が生きていたら、原爆がなかったら……、とどれほど思ったか。

学校に行ってないから、私は自分の名前も書けなかった。字を覚えようと思って、夜になると帳面《ちょうめん》※らしきものと鉛筆を持って布団に入って、懐中電灯で照らして勉強した。明かりが漏《も》れると怒られるから布団をかぶって。でも疲れて寝てしまって、「あー、きょうも書けなかった、覚えられなかった」となっていた。

給料をもらったら服を一枚買おうと思っていたのに、母が全部前借りして持って帰って、服一枚買えなかった。ワイシャツを一枚だけ持っていて、それを普通のワイシャツのかたちで着たり、襟《えり》を安全ピンで留《と》めてチャイナカラーのようにして着たり。夜にのりをつけて洗って、休みの日にはそれを着て遊びに行った。でも、休みも半日あればいいほうだった。

十三歳の時、能美島《のうみしま》（江田島市）で暮らしていた家族に呼び戻された。母の妹が死んで、残された赤ちゃんを父が養女にした。その子守がいるから。母は何年かして家を出て行ったけど、養女は私が育てた。


帳面……何枚かの紙をとじて作ったもの。ノート。

まっちゃん

二十歳の頃、父と宇品に戻った。その頃に結婚もした。十七歳年上の魚屋さんと。でも何年かして夫は肝臓を悪くして亡くなった。魚屋をやめて、しばらくは貯金で暮らせたけど、生計を立てるために、私はお好み焼き店をやろうと思った。ちょうどその頃、倉橋にいた頃の知り合いで、六歳年下の人が宇品に出てきて電器店で働いていた。両方の親に勧《すす》められて、再婚することになった。それで、「鉄板を買いたいからボーナスをください」と言ったら、全部くれたの。お好み焼き店の名前は「まっちゃん」。三十年は続けたと思う。

その頃の家族は、義母、夫、私、父、兄、妹。みんな一緒に暮らした。私は人の面倒を見るのは苦じゃない。自分がつらかったから、どんなことがあっても家族の面倒は見ると決めている。父が養女にした十三歳年下の妹は、中学を出て二十歳でお嫁に行くまで、私が母親代わりだった。

私が三十七歳の時に息子が生まれた。息子は三歳で店に置いてあった漫画を読めるようになっていた。私ができなかったことをしてくれて、いい子に育ってくれた。褒《ほ》めて褒めて育てたの。

息子の本で私は勉強した。姉も私も、大人になってから読み書きを勉強した。悔《くや》しい思いもしたから本当に努力した。読み書きだけじゃない、いろんなことが勉強。私は死ぬ間際まで勉強すると思う。

私は根性がある。育ての母に鍛《きた》えられたし、苦労してきたから。最初の夫も義母も父も兄も、私がみとった。優しかった夫は八年闘病して十年前に亡くなった。最後に「わしはおまえが好きじゃった」と三回言って亡くなったの。「すまんかったの、苦労かけたの、ありがとう」と言ってくれた。

足に入っていたガラスの破片

被爆《ひばく》者健康手帳は早くにもらった。私らが双子だったので、いなり湯のおばあさんが覚えていて、保証人になってくれた。姉は体が弱くて、肝硬変《かんこうへん》※やいろんな不調があった。私は内臓は丈夫だけど、若い頃はずっと足が痛かった。友だちにダンスに誘われ

肝硬変……肝臓に慢性的に炎症が起こり、肝臓本来の細胞の構造が破壊される病気。

て行っても足が痛くて踊《おど》れない。でも、なぜ痛いのか分からなかった。四十年前に足をくじいた時に、激痛でたまらなくて病院に行ったら、レントゲンで古いガラスが足に入っていることが分かった。ごく小さな三角の破片。被爆して、ドブに足を突っ込んだあの時に刺さったのだと思う。広島赤十字病院（現・広島赤十字・原爆病院）で手術できると言われたけど、神経や他の組織を傷つけるのが怖くてガラスを取らなかった。

傷は向こう脛《ずね》にあるからガラスはそこから入った。それがレントゲンを撮った四十年前にはくるぶしにあった。今は足の裏に近いところにある。もう手術しない。あの世まで持っていって私を生んでくれたお母さんに見せるの。戦争は絶対にいけない。このガラスの破片と一緒に生きているからそう思う。医者によく辛抱《しんぼう》したなと言われたけど、例《たと》えようのないほど疼《うず》いた。

今は幸せ。息子一家も、姉や妹の子らも良くしてくれる。私は学校には行けなかったけど、人を楽しませてあげようという気持ちはすごくある。どうし

濱本 松子 さん

たら人に喜んでもらえるかが分かるの。八十三歳で赤い服を着て、大したもんよ。素人《しろうと》だけど仲間とカラオケで好きな歌を歌ったり、あちこち呼ばれて盛り上げる。歌う時に分かる。自分がつらかったことは全部、宝になっていると。

人は人、自分は自分だから。自分の精神は自分で育てていくしかないから、何があっても負けないでほしいと思う。他人ではなく自分に負けないこと。私はそうしてきた。朝起きると、「きょう一日がんばるぞ」と自分で自分を励《はげ》ますの。生命力を出して、自分を明るくして生きましょうよ。

75年前に被爆した広島市南区でカメラに納まる。
濱本さん（中）と杉田さん（左）と三浦さん（右）がにこやかに

聞き取りを終えて

HIROSHIMA

杉田 舞 さん

被爆証言を聞きに行く時、少し怖くて不安がありました。でも実際に証言を聞くと、私の心は変わりました。そして、改《あらた》めて戦争の恐ろしさを知りました。

お話を伺《うかが》った濱本さんは、とても明るく、元気な人でした。

八月六日、友だちといつも通り登校していたら、ピカッと急に光ったそうです。三歩前の友だちが目の前で倒れ、濱本さんも足が血まみれに。でも手当てしてもらえず、家族とも離れ離れに。言葉では言い表せない苦しみがあったのだと感じました。

もう一つ、濱本さんから学んだもの――それは「勇気」です。濱本さんは、原爆について話したり、思い出したりすると、今でも怖くて呼吸困難になるそうです。

それでも濱本さんは、私たちのために、勇気を持って語ってくれました。当初、怖がっていた私も、濱本さんの話を聞いて、どんなことも勇気を持って挑戦をしようと決意ができました。

「来てくれてうれしい。話せて良かった」と言っていただいた時は、私も、本当にうれしかったです。

自分に自信を持つこと、自分に負けないこと――濱本さんは、被爆の話だけでなく、前向きな生き方を私に教えてくれました。

三浦 徳華 さん

◇ ◆ ◇ ◆ ◇

心に残った濱本さんの言葉があります。それは「つらかったことは全部、宝になった」との一言でした。

濱本さんは、想像ができないほど、つらい経験をされていました。被爆後の生活も苦悩の連続で、学校に行くこともできず、仕事ばかりの日々。食料は少なく、一口や二口しか食べられない日もあったそうです。でも濱本さんは、その境遇《きょうぐう》を乗り越え、「あの時のつらい思いは、全て宝だ」と笑顔で話してくださいました。

私はその言葉にとても重みを感じました。幸せとは、ただ楽しいだけではない。苦しいことやつらいことを乗り越えようと、自分なりに一生懸命考え、行動する中にあるものだと学びました。

私にできることは、この証言を受け継《つ》ぎ、次の世代へ戦争の悲《ひ》惨《さん》さ、平和の大切さを伝えていくことだと思います。

世界では、内戦、貧困、核《かく》実験、差別などさまざまな問題が起こっています。平和な世界を実現するために、まず一人一人が真剣に考え、行動することが必要だと思いました。

今回の経験を自分の人生に生かし、みんなが笑顔で過ごすことのできる世界をつくっていきたいです。

二人の母が教えてくれた平和

証言者 小《お》田《だ》 敦《あつ》通《みち》さん 七十七歳
被爆時の年齢 一歳

取材者 山《やま》田《だ》 将《まさ》嵩《たか》さん 十七歳

一歳で被《ひ》爆《ばく》

私は一九四三年（昭和十八年）八月十八日に生まれたので、二歳になる直前に被《ひ》爆《ばく》したことになります。広島城の北側の西白島《にしはくしま》（現・中区西白島町）に住んでいて、八月六日の朝は、父と二人で家にいました。父の話によると、私は縁側にいたのですが、ピカッと光った時にびっくりしたのか、部屋にいた父のところに走っていったそうです。父が私を抱《だ》きかかえた時、家がグラグラッと揺《ゆ》れて崩《くず》れてきました。父はとっさにたんすの陰《かげ》にうずくまったので、上からいろんな物が落ちて

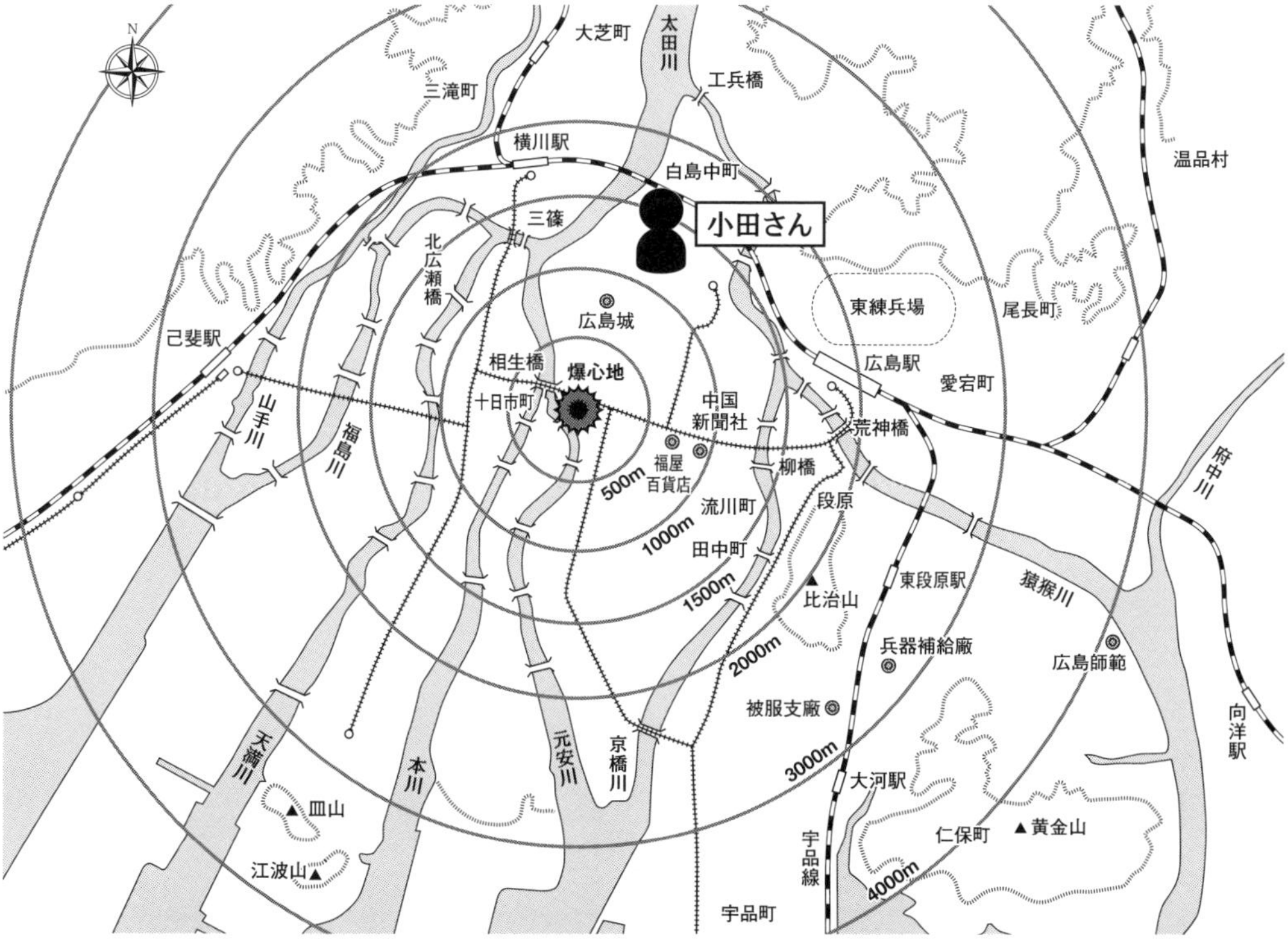

きて血だらけになったけど、大きな柱の下敷きにはならず、私を抱いて這《は》って出ることができました。

一帯は、まもなく火の海になったので、家の下敷きになって抜け出せずに、焼け死んだ人がたくさんおられたんです。私は父のおかげで助かりました。祇園《ぎおん》（現・安佐南区祇園）に親戚がいたので、二人で郊外に逃げました。

私と父は助かったけれど、母のあさ子は原爆《げんばく》で亡《な》くなりました。二十七歳でした。その日、母は建物疎開《そかい》のために、鶴見《つるみ》町（現・中区鶴見町）に行ったそうです。朝からずっと出ていて、そこで原爆に遭《あ》ったんでしょう。父が焼け野原を必死で捜《さが》したそうですが、遺体は見つかりませんでした。

アキコお母さん

街《まち》は焼け野原になり、わが家も崩れて焼けて、父は私を連れて大変だったと思います。今のように保育園もないし、仕事もしなければいけないし。被爆から二年後、見かねた親戚の紹介で、父は再婚しました。相手は、夫が戦死して、私より十歳上の女の子

焼け野原となった広島市内（撮影者：米軍／提供：広島平和記念資料館）

を連れたアキコお母さん。元の家があった西白島で一緒に暮らし始めました。アキコお母さんも、千田《せんだ》町（現・中区千田町）の広島赤十字病院（現・広島赤十字・原爆病院）辺《あた》りで被爆して、髪《かみ》の毛も全部抜けて、ひどい状態だったそうですが、詳《くわ》しくは知りません。

　私は、料理が上手できれい好きなアキコお母さんを、本当のお母さんだとずっと思っていました。ところが、小学校五年ぐらいの時に、近所のおばさんが、私を呼び止めて「あの人は本当のお母さんじゃないんよ」と言ったのです。何を言っているんだと黙《だま》っていると、「本当のお母さんは原爆で死んだんよ」と。

家に帰ってそれを両親に聞く勇気はありませんでした。でも、日常の会話の中で、原爆のことやいろんな昔の話を聞いても、両親は、肝心なことは話をそらして言わないことに気付きました。それで、これはひょっとしたら、お母さんは違うのかなと思うようになりました。

それまで、妹が二人できても、私は母に対して甘え放題、何を言おうが気にも留《と》めてなかったのが、それからは、母にこれを言ったらどう思うかな、これをしたらどう思うかなって、すごく気を使うようになりました。母を傷つけないように、悲しませないように。考えてみれば、人の気持ちを察《さっ》する、大事にするというのは人間関係で大切なことで、私はそれを勉強させてもらったと思っています。

母は体が弱くて、よく寝込んでいました。姉と私と妹二人の四人の子どもを、必死で育ててくれました。だから、母に恩返しをしなきゃいけない、働くようになったら、お給料も全部渡して楽をさせてあげたいと思いながら大きくなりました。

映画『ひろしま』

戦後は、子どもたちも厳《きび》しい状況で育ちました。私が通った白島小学校の校区内には、基《もと》町（現・中区基町）の本川沿《ほんかわぞ》いに広がっていた「原爆スラム」と呼ばれた本当に貧《まず》しい人たちが暮らしている地域があったし、原爆で両親を亡くした子らが暮らしている「広島新生学園」もありました。私は父も母もいて、どれほど幸せだったかと思います。

家の近くを国鉄（現・ＪＲ）山陽本線が通っていましたが、しょっちゅう汽車が止まっていました。飛び込み自殺です。近くの土手に踏切があるので、朝早くや夜中に警笛《けいてき》が鳴るから分かります。お母さんが赤ちゃんを抱《かか》えて飛び込んで、赤ちゃんだけ助かった、という話を聞いたこともあります。私が見に行った時は、川に落ちた遺体を警察が引き揚《あ》げていて、その遺体は首が切れていました。髪を持って頭を炭俵《すみだわら》に入れるのを見たのですが、血が抜けて蠟人形《ろうにんぎょう》のように真っ白で、なんとむごい、ひどいことだなと思いました。そういうことがしょっちゅうありました。

原爆で命こそ助かったけれど、生き残った人たちも大変だったのです。焼け野原の中で、原爆の後遺症《こういしょう》や貧困に苦しみながら生きてきた人がたくさんおられたということを知ってもらいたいのです。

家でも学校でも、原爆の話には触れませんでした。いい話ではないので。小学校の高学年の頃、私は原爆を描《えが》いた『ひろしま』という映画のロケの現場に遭遇《そうぐう》しました。近くの三篠《みささ》橋と山陽本線の間の川岸で、やけどをした被爆者たちが川に入っていく場面の撮影をしていたんです。撮影を見ながら、原爆ってこうだったんかなあと思っていました。

原爆の子の像

広島平和記念公園に、「原爆の子の像※」がありますね。十二歳で亡くなった佐々木禎《さだ》子《こ》さんは私より一歳年上です。私が禎子さんのことを知ったのは幟町《のぼりちょう》中学校一年の時。禎子さんは、幟町小学校を卒業する頃に、原爆の後遺症で白血病《はっけつびょう》※になり亡くなりました。その慰霊碑《いれいひ》をつくるために、一学年上の先輩たちが署名活動をしていたんです。「原爆の後遺症で亡くなった子どものために、『原爆の子の像』を建てるんだ」と先輩たち

原爆の子の像……広島平和記念公園内にある原爆の後遺症・白血病で亡くなった佐々木禎子さんと、原爆の犠牲となった全ての子どもたちのための慰霊碑。

白血病……血液をつくる器官で白血球系細胞が増殖する病気。「血液のがん」といわれる。

は言っていました。

私は、小学校までは元気だった禎子さんが、白血病で亡くなったと聞いてびっくりしました。その時、原爆の後遺症のことを初めて知ったんです。放射線《ほうしゃせん》の怖さ……当時中学生の私にとって衝撃的《しょうげきてき》でした。

母が体が弱くて、いつも寝込んでいるのも、原爆の後遺症だったのかと……。私が小学校六年の頃、母は風呂場で転《ころ》んだだけで、内臓破裂《はれつ》を起こして大手術をしました。医師は「手遅れです。もう助からない」と。奇跡的に助かりましたが、術後は体力がなくなって大変でした。私は、中学生、高校生の頃は、「本当の母親じゃないんだろうか。原爆の後遺症で死んでしまうんだろうか」と、何とも言えない不安な気持ちを抱えていました。

佐々木禎子さんが亡くなられて二年半後、先輩たちの一生懸命な活動が実《みの》って、一九五八年（昭和三十三年）五月五日の子どもの日に、「原爆の子の像」の除幕式が行われました。私も、禎子さんと同じように爆心地から約一・五キロメートルの自宅で被爆していたので、いつ自分にも原爆の後遺症が出るか分からないなという思いはありましたが、大学生、社会人になっても元気にやってこられました。

親孝行をしたい

父は東洋工業（現・マツダ株式会社）に勤めていて職はありましたが、原爆で家も焼けてしまって、子どもの頃のわが家は貧乏《びんぼう》でした。高校も、もし公立に受からなかったら働くように言われていましたが、運良くすぐ近くの基町《もとまち》高等学校に入ることができました。その頃から家庭の経済状況も良くなり、大学にも進学できて、私は恵まれた環境だったと思います。

就職試験の時に、身分関係を明らかにするための戸籍謄本《とうほん》が必要になりました。それで、実の親ではないことを隠せないと思った母が、自分では言えないから、姉に頼《たの》んだのだと思います。結婚して観音《かんおん》（現・西区観音町）にいた姉の家に遊びに行った時に、姉が「本当のことを言うね」と。私はもう知っているから、「僕は今のお母さんが本当のお母さんだと思っているし、育ててもらって感謝してる。うんと働いて親孝行するよ」と伝えてもらいました。

でも就職試験を通って、内定先から東京支社に行くことになるという話が来た時、母が言ったんです。「あなたは結局、私から逃げていくのね」って。ショックでした。そんなつもりは全《まった》くないのに。でも当時は、東京といえばとても遠い地です。私は母を悲しませるのは嫌だと思って、悩んで悩んで、卒業直前ですけど、就職を断りました。そして転勤がない地元の広告代理店に入社し、そこで四十年間勤め上げました。結果的には、広島に残って良かったと思っています。妻に出会えたし、妻は母のことを本当に大事にしてくれました。

小田 敦通 さん

後から聞いた話です。私が幼《おさな》い時、母が夫婦げんかをして家を飛び出したことがあったそうです。でも私のことが気になって引き返すと、雨の中、私が軒下《のきした》で泣いていて、それを見て「もう絶対手放さない、一緒に生きていくと決めた」と。母には母の決心があったと知りました。

平和の道を

二歳になる頃の被爆なので、当時の状況は全く覚えていないし、原爆の話をすることはありませんでした。知人に誘われて、冨恵洋次郎《とみえようじろう》さんを偲《しの》ぶ会（冨恵さんは、自らがオーナーを務める広島市中区のバー「スワロウテイル」で、月に一度、被爆体験者の証言の会を主催していた。二〇一七年に逝去《せいきょ》）に行ったんです。会の終わりに、司会者の方が「ここに被爆者の方はおられますか」と。それで手を挙《あ》げたのがきっかけで、被爆のことを話すようになりました。

原爆で死んだ生みの母のことは、矢賀《やが》（現・東区矢賀）の出身で旧姓が森山と聞いていますが、写真も原爆で焼けて残ってないので顔も分かりません。でも、心の中には母がいると感じます。

アキコお母さんは、晩年は目も耳も不自由になりましたが、「私は幸せじゃ」と口癖《ぐせ》のように言っていました。七十八歳で亡くなるまで、被爆の話をすることはありませんでした。父は、八十四歳まで元気で長生きしました。

生んでくれた〝あさ子お母さん〟と、育ててくれた〝アキコお母さん〟。二人が何を感じて生き、何を願っていたかを考えます。母たちがいなかったら、私は原爆のことを考えることもなかったでしょう。二人の母が、私に平和の心を教えてくれたと思います。

平和ほど尊《とうと》いものはありません。何げない生活の中に、平和の道があると思います。私は二〇一六年（平成二十八年）に胆管《たんかん》がんの手術をしましたが、奇跡的に助かり、いっそうそのことを強く感じます。妻と二人暮らしで子どもはおりませんが、若い人たちに語りたいのは、周りの人を幸せにしてあげられる人になって、平和の道を歩んでもらいたいということです。「親孝行しよう」「人に尽くそう」「自他共《じたとも》の幸福に生きよう」。それが平和の道だし、それを語っていくことが母たちへの恩返しと思っています。

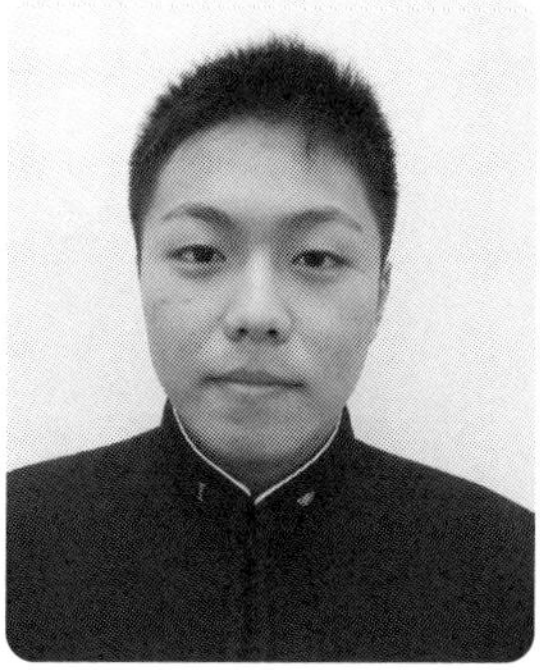

山田 将嵩 さん

私の自宅が広島平和記念公園から近いこともあり、幼い頃から広島平和記念資料館を訪《おとず》れたり、学校で平和学習をしたり、自分なりに原爆について関心を持ってきました。

今回思いがけず、被爆から七十五年という節目に被爆証言を聞く機会を得たことを有意義な経験にしたいと素直に思いました。

話を伺《うかが》った小田さんは、一歳で被爆され、当時の記憶はほとんどない、とのことでした。そのため、原爆について具体的な話をお聞きすることはできませんでしたが、それにもかかわらず原爆を自分のこととして捉《とら》えていることが印象に残りました。一般の市民が無差別に、そして何世代にもわたって呪縛《じゅばく》される核《かく》兵器は、他の兵器にはない怖さがあると実感しました。

創価学会第二代会長の戸田城聖先生は原水爆禁止宣言で「われわれ世界の民衆は、生存の権利をもっております。その権利をおびやかすものは、これ魔ものであり、サタンであり、怪物であります」と叫《さけ》びました。それは、核兵器がいくら強調しても足りないくらいの恐《おそ》ろしいものであり、絶対悪だということを、これから何世代先までも必ず伝えてほしいという戸田先生の思いではないかと、小田さんから直接話を伺えたことで感じることができました。

　広島生まれ広島育ちの私は、原爆を自分のこととして、これからも何ができるのか考え続けていきたいと思います。

小田さん（右）が山田さん（左）に語った。
「若い人たちに平和の道を歩んでほしい」

死にたいほど
つらかった

証言者
増《ます》川《かわ》美《み》代《よ》子《こ》さん　八十九歳
被爆時の年齢　十四歳

取材者
田《た》村《むら》広《ひろ》美《み》さん　十七歳

十四歳で広島へ

私は一九三一年（昭和六年）二月、高田《たかた》郡向原《むかいはら》町（現・安芸《あき》高田市向原）の農家に生まれました。四五年（昭和二十年）三月に向原国民学校の高等科を卒業しましたが、高等科の二年間は勤労奉仕《きんろうほうし》で稲刈《いねか》り、草取り、麦《むぎ》刈り。そんなことばかりでした。卒業前に、学校に看護婦（現・看護師）の募集が来ていて、親に黙《だま》って申し込んだんです。卒業して家にいても畑仕事をするだけだから、看護婦になろうと思いました。親に相談すると大反対。「田舎《いなか》しか知らない子が広島のような大きな街《まち》

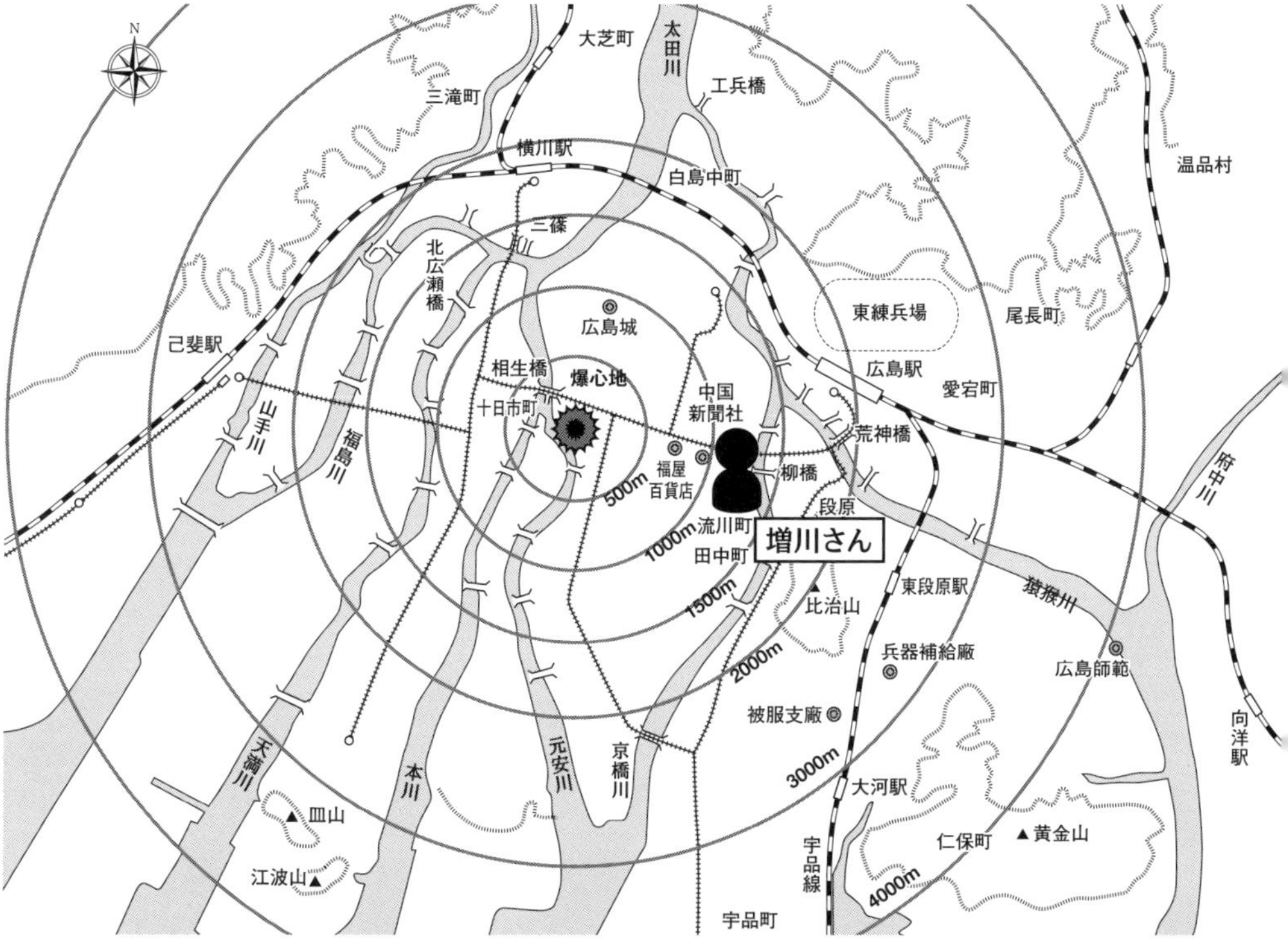

でやっていけるわけがない」と。「でも、もう決めたことだから」と言って、四月、広島市の富士見《ふじみ》町（現・中区富士見町）にある看護専門学校に入学しました。

松坂医院

銀山《かなやま》町（現・中区銀山町）の松坂医院に住み込みで勤め、午前中は病院で働き、午後は学校に行くという生活が始まりました。病院の仕事を終えると、母が作ってくれたモンペ※に着替えて防空《ぼうくう》頭《ず》巾《きん》をかぶり、肩から救急袋をかけて学校に行きます。見知らぬ街だから、よく道に迷いました。学校でも勉強はなくて、担架《たんか》を運んだり包帯《ほうたい》を巻いたり、訓練ばかりでした。

松坂医院の見習いは、先輩と私と同級生の三人で同じ部屋でした。夕方、部屋に戻ると、私と同級生は家が恋しくて寂《さび》しくて、泣いて先輩を困らせました。松坂医院の院長は、優しいけれど厳《きび》しい先生でした。東警防団《けいぼうだん》※の団長をされていて、病院には兵隊さんも出入りしていました。広島城にあった練兵場《れんぺいじょう》※に院長の手紙を届けに行った時、私は迷ってなかなかたどりつけず、帰るのが遅くなり、「どこへ行っとったんか」と怒

モンペ……袴の形で足首の所でくくるようにした、ももひきに似た労働用の衣服。戦時中に女性が着ることを推奨された。

警防団……空襲などから市民を守るため、警察および消防の補助を担う団体。

練兵場……兵を訓練する場所。

られました。

初めて治療室に入って、手術を見た時のことです。私は血を見た瞬間に卒倒《そっとう》してしまいました。すると院長に「おまえは看護婦にはなれん。帰れ！」と怒られて。親に迎えに来てもらって帰りましたが、辞《や》めさせられたのではなく、二、三日静養してこいということでした。私は自分が決めた道だからと思い、父に連れられて病院に戻りました。

父は時々、田舎から病院に米を持ってきて喜ばれていました。「お父さんが来たよ」と院長の奥さんが呼んでくれるのに、私はすぐには出ていけなくて。お便所に入って、うれしくて泣いて、それから何でもない顔をして父に会うんです。父がリュックサックを背負《せお》って帰る姿を見ると、寂しくて、ついて帰りたくて。

病院にも慣れてきた頃、警戒警報《けいかいけいほう》が発令されるようになり、これからどうなるんだろうと不安でした。空襲《くうしゅう》警報が鳴ると本当に怖かったです。院長の家には、防空壕《ごう》がありました。地下の六畳くらいの防空壕で、院長一家と看護婦たちで、大豆《だいず》を炒《い》ったものを食べながら、夜を明かしたことも何度かありました。私は怖くて、隅《すみ》っこで小

警戒警報……空襲が予想される場合などに、ラジオやサイレンなどで呼びかける警報。

さくなっていました。同級生は、学校も病院も辞めて帰っていきました。

八月六日

八月六日はとても暑い日でした。朝、いつものように掃除《そうじ》をして食堂に行きました。まだ看護婦の服にも着替えず、薄《うす》い普段着のまま、ごはんを食べようとお茶碗《ちゃわん》を持った瞬間、ピカッとものすごい光に襲《おそ》われ、爆風《ばくふう》で天井《てんじょう》が崩れました。気付いたら真っ暗で、私は建物の下敷きになって動くことができません。「お父さん、お母さん、助けて！」と泣きながら叫《さけ》び続けました。

「看護婦さんどこか！」と声がしました。院長と親しくて、病院にもよく来ていた兵隊さんが、瓦礫《がれき》をどけて助けてくれました。「はよ逃げな！　火が回ってきとる！」と言われましたが、逃げようと思っても足腰に力《ちから》が入らず、動けないんです。足がすくむのをやっとのことで起き上がり、裸足《はだし》のまま外に出ると、火が見えて黒い煙《けむり》が出ていました。

建物は全部壊れて、辺《あた》りは死体がいっぱいでした。首がない死体、赤ちゃんの死体、

救護活動の様子（作者：服部道子／提供：広島平和記念資料館）

手や足がなくなっている人も。先輩と一緒に、泣きながら必死で逃げて、京橋川《きょうばしがわ》にたどり着いたら、ものすごい数の死体が浮かんでいました。川縁《かわべり》にも人がいっぱいいて、「助けて、苦しい」とうめいていました。地獄だと思いました。

朝、院長たちは別の部屋にいました。私が下敷きになっていた時、「看護婦さん、ノコギリを持ってこい、カマを持ってこい」と叫ぶ院長の声が聞こえました。逃げた後、院長たちのことを先輩と心配していたら、ずいぶんたって、私らを助けてくれた兵隊さんに連れられて逃げて来ました。院長は足を骨折していて、兵隊さんに背負われていました。奥さんは少しやけどをしていました。院長に「あんたら大丈夫か」と聞かれて、「はい」と答えましたが、私も先輩も本当は大丈夫ではありませんでした。私は全身傷だらけ。血が流れては乾《かわ》き、流れては乾いて、固まった血がボロボロの服に貼り付いて。暑い上に、周りは燃えているし、意識がもうろうとしてものすごく苦しかったです。

院長は警防団長だから、けがをした体で東警察署（現・広島銀行銀山支店周辺）に行き、救護活動に当たりました。建物の中は負傷者や死にそうな人で満ちていてうめき声が聞こえ、私もこのまま死ぬのかと思いました。炊《た》き出しのおむすびが配られたけど、暑いから腐《くさ》っていたので、中の梅干しだけ食べて。水もなかったけど、辛抱《しんぼう》しました。「お父さん、お母さん、助けに来て！」と心で叫んでいました。

夜になって、国立療養所畑賀《はたか》病院（現・安芸市民病院）の人が、車で院長一家を迎えに来てくれました。私たちも一緒に畑賀病院に行き、二泊しました。その後、私と先輩は家族が田舎から捜《さが》しに来た時に分かるように、車で東警察署に戻されました。そこは救護活動の拠点になっていて、向原から応援で来た看護婦さんもいました。負傷者と死者でいっぱいの地下室で、捜しに来てもらうのを待っていました。

その頃、向原では、向原国民学校が救護所になり、負傷者が広島から国鉄（現・ＪＲ）芸備《げいび》線で運ばれて来ていました。父や母は汽車が着くたびに駅に迎えに行くけれど、私が二日たっても帰ってこないので、もう死んだのだと思って、三日目に父は私の遺体を捜しに広島に来ました。兵隊さんが死体を焼いている場所で、死体を幾《いく》つもひっくり返して私を捜したそうです。松坂医院の近くに来た時、近所の人に「松坂先生は警防団長だからあの建物に行ってみたら」と教えてもらい、行くと向原の看護婦さんが「娘さんは助かっていますよ」と言ってくれて、父は私を見つけることができました。服はちぎれていて裸《はだか》同然だったので、看護婦さんに服を着せてもらいました。汽車は矢賀《やが》（現・東区矢賀）と向原をピストン輸送していたので、父と一緒に矢賀の駅まで歩きましたが、遠いし、私は歩く力がなくて、とてもつらかったです。汽車の中も血だらけ傷だらけの人がいっぱい。痛くて悲しくて。「辛抱せいよ」と父が言いました。

死にたいほどつらい

家に帰ったら、「よう生きとった！　美代ちゃん、良かったねえ！」と家族が涙を流して喜んで迎えてくれました。母が布団にござを敷《し》いて寝かせてくれましたが、ほっとしたせいか、体が痛くてたまりませんでした。体じゅうの傷口から血膿《ちうみ》が出て、うずくんです。ほっぺたの傷からはうじ虫が出てきて、口の周りは腫《は》れあがって、自分の体が人間の体じゃないようでした。妹と弟たちが「お姉ちゃんの顔から虫が出る。くさい、くさい」と言いながら、箸《はし》で取ってくれました。母がおかゆを作ってくれるけど、口の中も痛むから喉《のど》を通りません。地元の医者に「元気もないし、もう助からんかもしらん」と言われました。

口の中は腫れて膿《う》んで、歯茎が腐り、歯が抜けていきました。抜ける歯を飲み込んではいけないから出すんですが、そのつらさは言葉にできません。せめておかゆを飲み込ませようと、親が麦藁《わら》でストローを作ってくれたけど、なかなか食べられず、だんだん痩《や》せていきました。結局、二十八本の歯が全部なくなりました。

髪《かみ》の毛も抜け始めました。ちょっと触ったらすぐ抜けるんです。その時の気持ちといったら……。全部抜けて坊主になると頭も傷だらけでした。母が「髪はまた生《は》えるから大丈夫よ」と言ってくれたけど、顔は傷だらけ、歯茎は腐る、髪は抜ける。これはもう生きられない、もう死にたい、首を吊《つ》りたい、と思いました。

親は一生懸命に看病してくれました。父は縄でおんぶ紐《ひも》を作り、私をおぶって散歩して、「大丈夫じゃけえ、元気になるけえ、任せとけ」と励《はげ》ましてくれました。夕方、涼《すず》しい風を受けて、私が「元気になるような気がするよ」と言うと、父は喜んでくれて。それはもう忘れられません。二カ月くらいして髪が生えてきた時、母は「髪が生えてきたよ」と喜んでくれました。母はガーゼで帽子《ぼうし》を作ってくれて、それをかぶると心が落ち着きました。

兄の死、父の死

兄は学校を卒業後、志願して通信兵※として南方へ行ったきり、何も消息がありませんでしたが、八月十四日に戦死の公報が届きました。その時は、父は「お国のために戦えて良かった。靖国神社《やすくにじんじゃ》に入れてもらえる。良かったよ」と言っていました。ところが翌十五日に終戦し、戦争に負けたと分かると、父は家の大黒柱《だいこくばしら》を触りながら慟哭《どうこく》したんです。「なんで戦地に行ったんか、なんで志願せんといけんかったんか」と。兄の死を父は悔《く》やんでおりました。兄は十九歳でした。

父母が面倒を見てくれて、私は翌年の春頃には、だいぶん元気になりました。ところが、父が次第《しだい》に元気がなくなっていったんです。私の看病疲れかと思いましたが、どんどん体調が悪くなり、あちこちの病院で診《み》てもらったけど原因が分かりません。最後に行った病院が外科で、開腹してみると肝臓がんで、腐っていてどうすることもできませんでした。原爆から三年後、五十歳で亡《な》くなりました。私を捜しに来た時に

通信兵……通信技能の教育を受けて、部隊間の通信を担当する兵士。

放射線《ほうしゃせん》を浴《あ》びたのが原因だったのかもしれません。

母と四人の子（私、妹、弟二人）が残されました。「どうやって生きていこうか」と泣く母の姿を見るのは、本当につらかったです。

生き抜く使命

今思うと、よく生きてこられたと思います。私は二十歳の時に入れ歯を作り、それが痛くて苦しみましたが、元気になったので働きました。当時、松坂医院の院長が尾《お》長《なが》町（現・東区尾長町）の救急病院にいたので、私もそこに勤めました。働きながら勉強して正看護婦の資格も取りました。

二十三歳で地元の農家に嫁《とつ》ぎました。夫は七歳年上で、戦争中はフィリピンにいて、戦地から帰ってきた時はマラリア※で苦しんだそうです。夫は会社員だったので、農家の仕事は私と義母がするのですが、

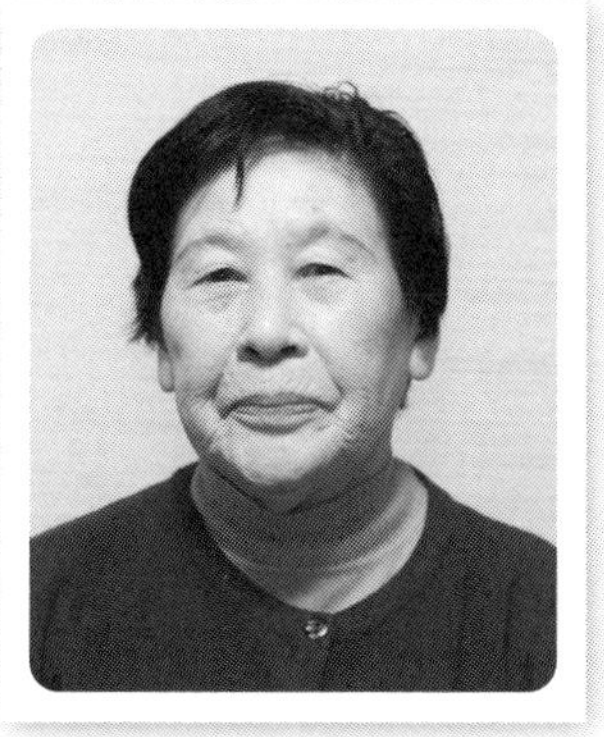

増川 美代子 さん

マラリア……マラリア原虫の血球内寄生による感染症。

義母が厳しい人で、何をしても叱《しか》られてつらい日々でした。

その後、長女と次女が生まれました。一九五二年（昭和二十七年）に生まれた長女は、小児喘息《しょうにぜんそく》でよく高熱を出し、ひどい咳《せき》をするので、もう死ぬんじゃないかと思うほどでした。咳のために眠ることもできずに苦しむ長女をおんぶして、一晩中歩いたことも何度もありました。義母が、長女の病気を心配してくれたことはうれしかったです。幸い、長女の喘息は小学生の頃には良くなり、家の中も次第に明るくなっていきました。七一年（昭和四十六年）頃、夫は独立して鉄工所を始めました。いい職人さんに恵まれて、経済的にもやっとまともな生活になりました。一度、不運にも、巨額の借金を背負ったことがあり、大変でしたが解決できました。夫が二〇〇四年（平成十六年）に心筋梗塞で亡くなって、事業は解散しました。

私は十年前に、交通事故で四日間意識不明になり、生死をさまよいました。鎖骨《さこつ》が折れて全身打撲《だぼく》。十年たった今も体が痛みます。一難去ってまた一難、山越え谷越え、生きています。

私は八十九歳になりました。現在は、介護福祉士の長女と二人で暮らしています。

原爆に遭《あ》った時は、死にたいとばかり思っていたけれど、なんとか生きようと思うようになり、苦しいことを乗り越えるたびに心が強くなりました。

原爆に遭ったことは過酷《かこく》な宿命《しゅくめい》でしたが、あの原爆から生き残った私には、生き抜く使命があると思っています。生きられる限りは生きて、世界が良く変わるのを見たい、核《かく》兵器のない世界を見たいと思います。平和であるように、みんなが幸せになるように祈っています。苦しい中をくぐってきたから。たまには愚痴《ぐち》もあるけど、今こうして生きていること、朗《ほが》らかに心楽しく生きていることが本当に幸せだと思います。

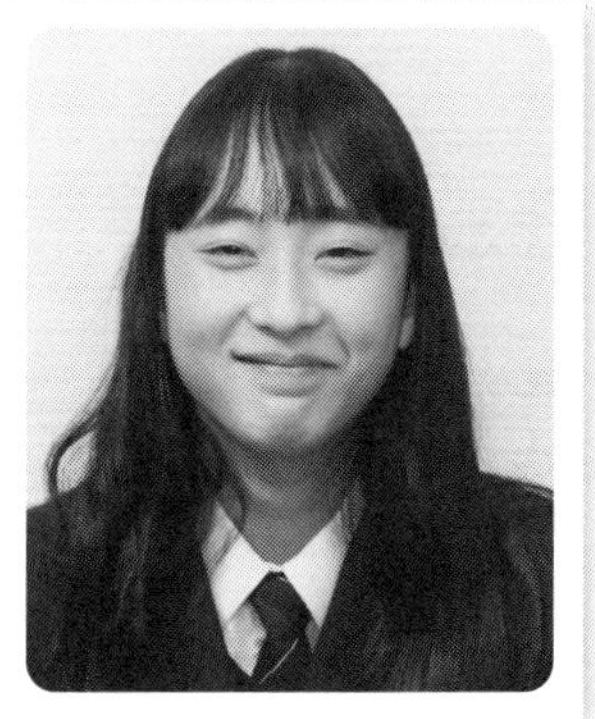

田村 広美 さん

増川さんのお話を聞いて、思ったことが二つあります。

一つ目は、原爆の恐《おそ》ろしさです。小学生の時から被爆者のお話を聞いたことはありましたが、高校生になって、原爆の恐ろしさを少し忘れかけていました。でも増川さんは、とても分かりやすく当時の状況を説明してくださいました。建物の下敷きになったこと、何人もの死体を見たこと……。私と同じような年齢で、つらい経験をされていました。原爆の恐ろしさを改《あらた》めて実感すると同時に、青春を奪《うば》われた増川さんを思うと、とても心苦しくなりました。

二つ目は、これから私にできることについてです。今、被爆者から直接話を聞くことは、なかなかできない状況になっています。私にできることはとても少ないかもしれない。けれど、少しずつ友だちに原爆の恐ろしさを知ってもらい、平和の素晴らしさを伝えたい。そして、将来、私に子どもができた時にしっかり伝えていきたいです。

最後に、被爆者のお話を聞くことは、今後の平和につながっていくと思うので、聞き取り活動はどんどんしていくべきだと感じました。

「核兵器のない世界が見たいんです」
——89歳の増川さん（左）が田村さん（右）に思いを語った

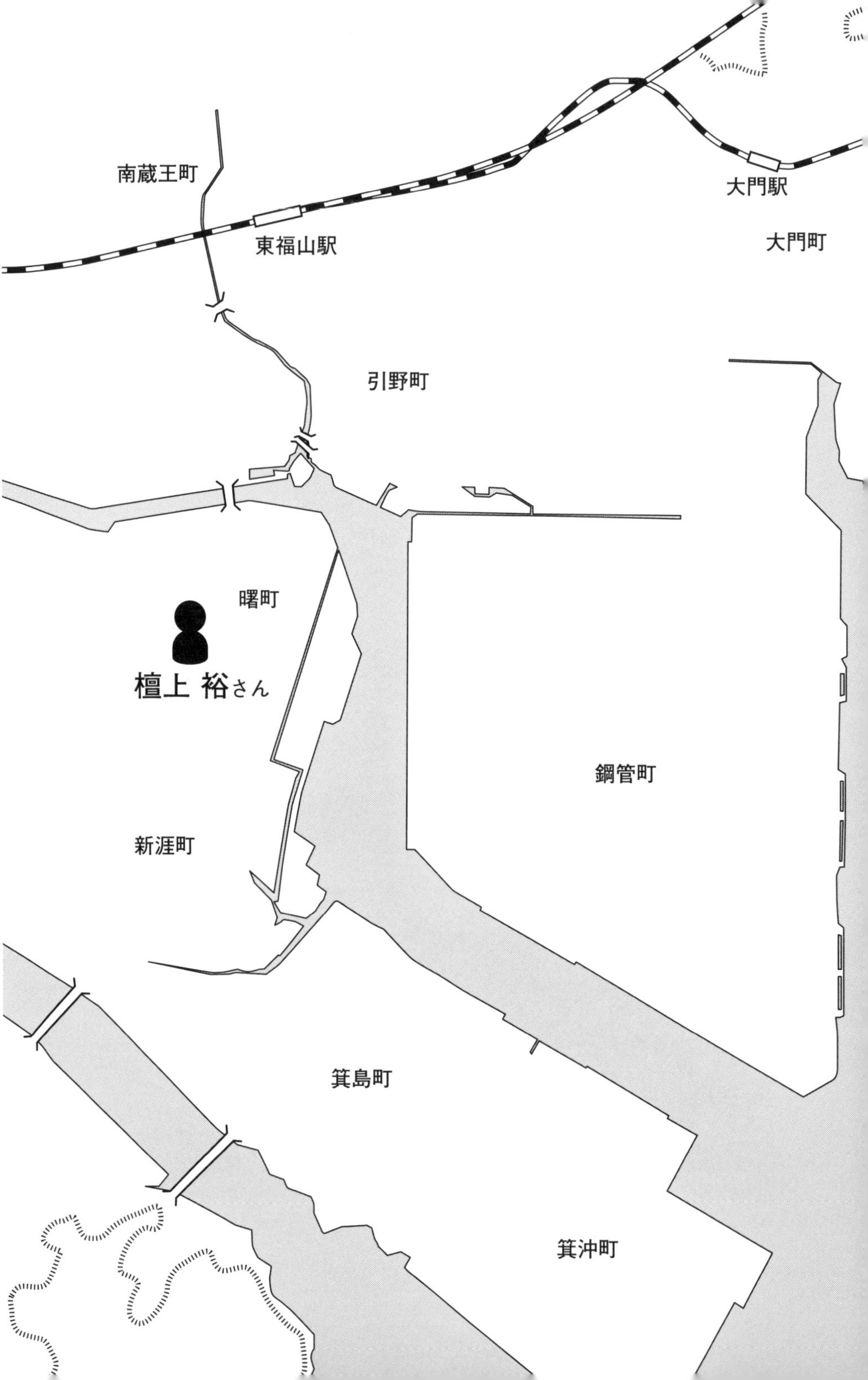
南蔵王町
大門駅
東福山駅
大門町
引野町
曙町
檀上 裕さん
鋼管町
新涯町
箕島町
箕沖町

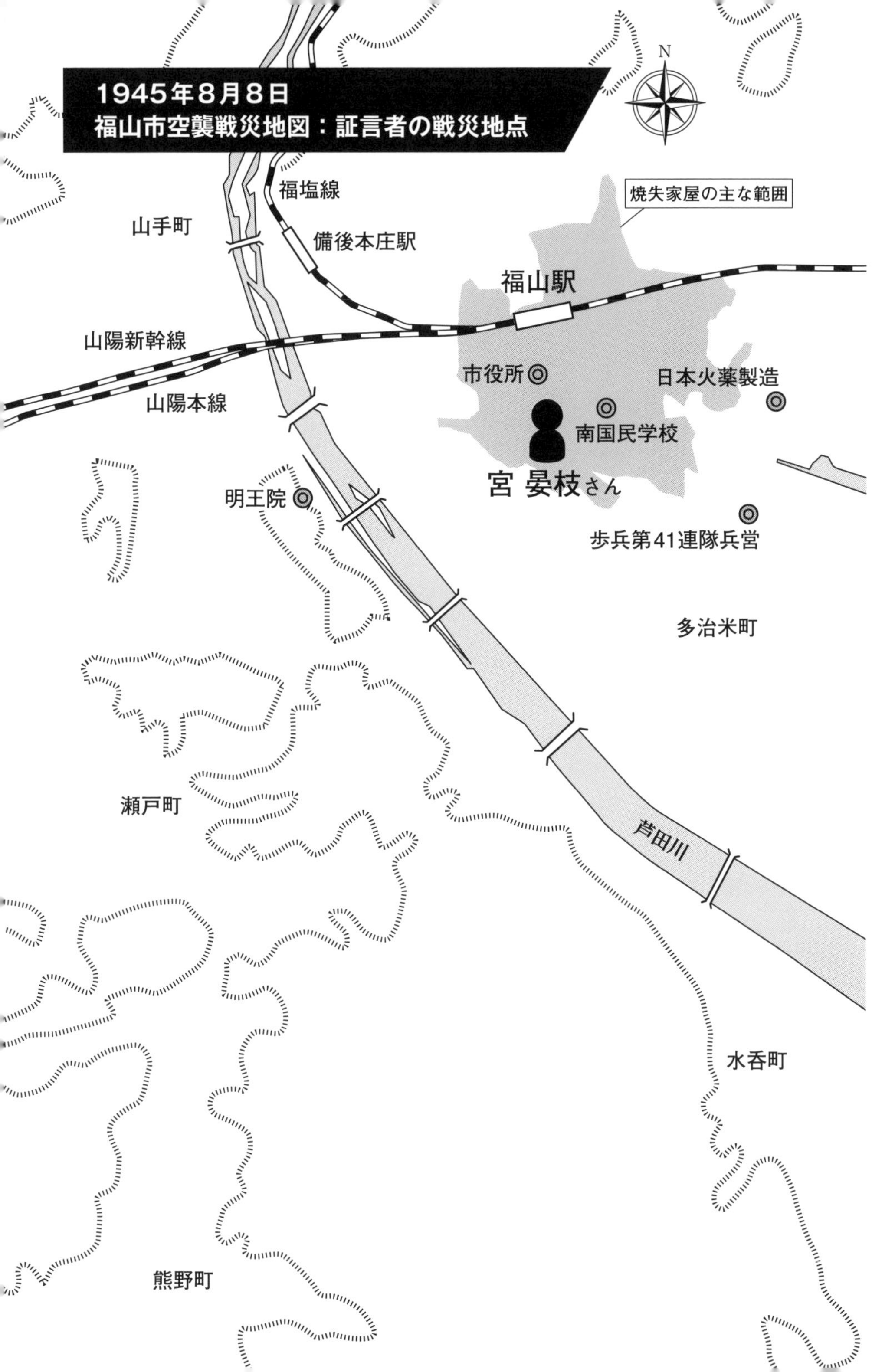
1945年8月8日
福山市空襲戦災地図：証言者の戦災地点
N
焼失家屋の主な範囲
福塩線
山手町
備後本庄駅
福山駅
山陽新幹線
山陽本線
市役所
日本火薬製造
南国民学校
宮 晏枝さん
明王院
歩兵第41連隊兵営
多治米町
瀬戸町
芦田川
水呑町
熊野町

【解説】

福山空襲について

一九四五年（昭和二十年）八月八日午後十時二十五分頃から約一時間、福山市街地はアメリカ軍のB-29爆撃機九十一機によって大空《くう》襲《しゅう》を受けました。この時に、壊滅的《かいめつてき》な被害を受け、市街地の約八〇パーセントが焼失し、千人を超える死傷者が出ました。

当時、福山市には、川西航空機の部品組立工場や、住宅密集地、陸軍歩兵第四十一連隊があったことなどの理由により、空襲の目標とされました。

雨のように降る焼夷弾《しょういだん》※によって、市内は激しい炎に包まれました。市役所、警察、駅をはじめとする主な建物や学校は、瞬《また》く間《ま》に焼け落ちました。国宝である福山城天守閣《てんしゅかく》も崩《くず》れ落ちました。

市民、警防団、警察、軍隊も、初めは消火に努めましたが、やがて力《ちから》尽きて退去せざるをえませんでした。防火のために、職場に駆

焼夷弾……火災を発生させることを目的に作られた爆弾。

空襲翌日の福山中心部（提供：福山空襲を記録する会）

け付ける途中や、避難の途中に爆弾の直撃を受けて多数の死傷者が出ました。

　二日前の八月六日に広島市に原子爆弾が投下されたことにより、警防団は「爆弾の光を見たら昼夜を問わず遮蔽物《しゃへいぶつ》※の中に入るように」と指導していました。そのため、市民は防空壕《ぼうくうごう》に入ったまま激しい火の中を脱出することができず、火炎と熱風により、焼死または窒《ちっ》息《そく》死する人も多くいました。

　夜が明けると、道路の確保、被災した人々の救済、遺体処理作業などが始まりました。その活動が終わったのは約一カ月後の九月六日でした。

遮蔽物……おおいさえぎる役目をするもの。

空襲翌日の国鉄（現・JR）福山駅（提供：福山空襲を記録する会）

参考文献

▶ 総務省「福山市における戦災の状況（広島県）」
（https://www.soumu.go.jp/main_sosiki/daijinkanbou/sensai/situation/state/chugoku_04.html）
閲覧日：2020年6月30日

▶『被爆・福山空襲70周年記念誌　1945年（昭和20年）8月8日「福山が燃えた日」』
福山市人権平和資料館 ふくやまピース・ナビ、2016年

▶『福山市人権平和資料館開館20周年記念誌　平和を求めて』
福山市人権平和資料館（まちづくり推進部人権推進課）、2005年

▶『よみがえる炎のさけび　福山空襲』福山空襲を記録する会、1977年

▶『続・福山空襲の記録』福山空襲を記録する会、1985年

戦争は最大の痛み

証言者　宮《みや》 晏《やす》枝《え》さん　八十一歳

戦災時の年齢　六歳

取材者　岡本《おかもと》 正《まさ》美《み》さん　十六歳

胡《えびす》 杏《あん》菜《な》さん　十六歳

生まれた時から戦争

私は一九三九年（昭和十四年）生まれ、弟が翌年の生まれです。私たちが生まれたすぐ後、四一年（昭和十六年）に父は出《しゅっ》征《せい》※しています。だから生まれた時から父の記憶はありません。玄関で私を抱《だ》いている父の写真がありますがそれだけで、父との思い出は何もありません。父は台《たい》湾《わん》、フィリピンを転戦し、四四年（昭和十九年）にビルマ（現・ミャンマー）で亡《な》くなりました。三十四歳でした。

父のことを母から聞かされたのは、戦後、私が八歳の頃です。父の〝お骨の箱〟

出征……軍隊の一員として戦地へ行くこと。

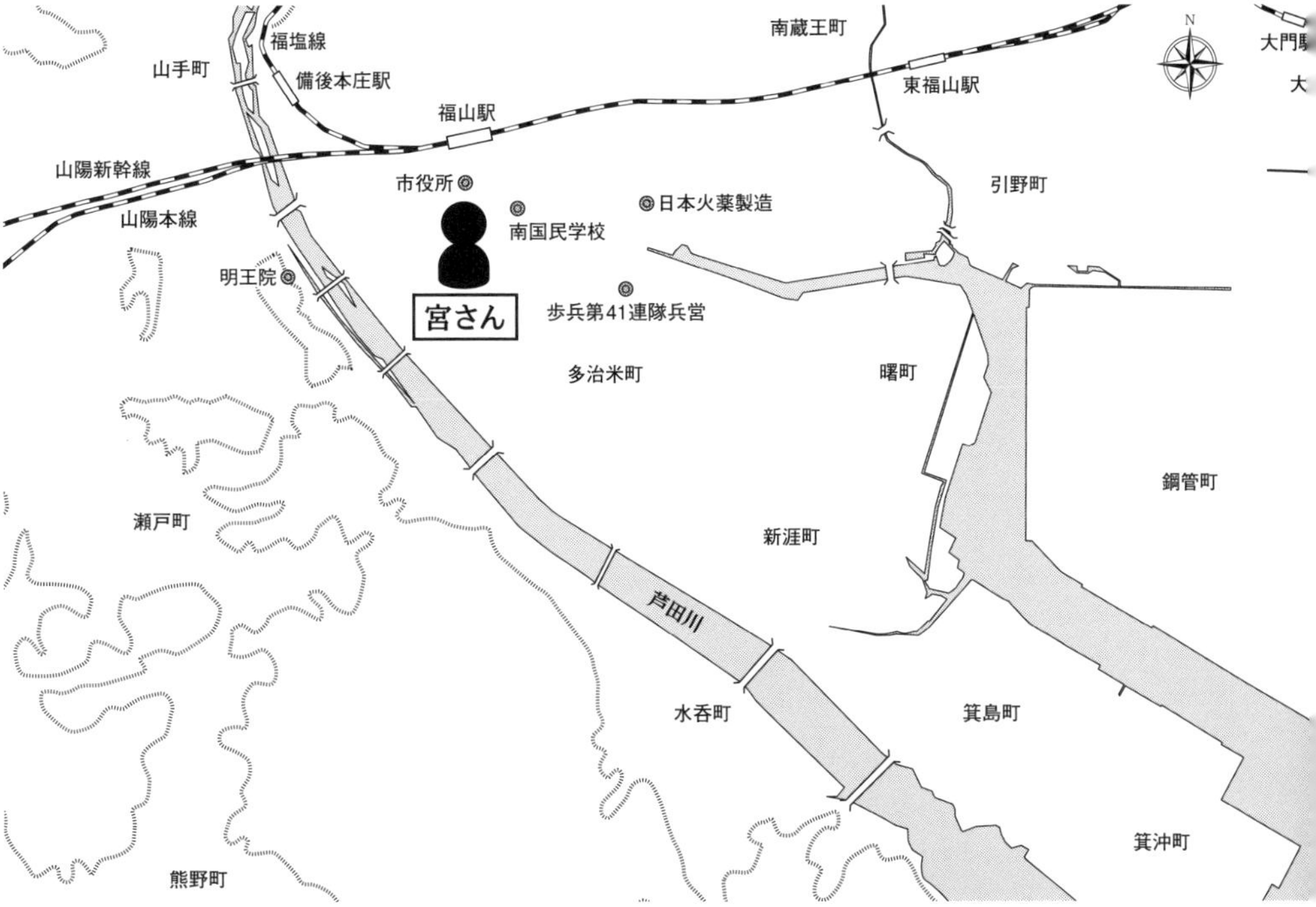

が届いた時、箱に入っていたのは、父宛に出した母のはがきが数枚と、父の髪《かみ》の毛だけだったそうです。私にとっては、いないのが当たり前の父だったから、その時は話を聞いても何か現実味がありませんでした。

父は七男二女の九人きょうだいでしたが、そのうち四人が南方（東南アジアなど）や満州《まんしゅう》（現・中国東北部）で戦争の犠牲《ぎせい》になりました。一人は広島の原爆《げんばく》で亡くなったそうです。一家で満州の開拓団※に加わった親戚もいましたが、誰も帰ってきませんでした。

空襲の夜

私たち一家は、母と叔母《おば》、私と弟の四人家族で、空襲《くうしゅう》の前は福山市紅葉《もみじ》町に住んでいました。私は六歳で国民学校一年生、弟は四歳でした。戦争が激しくなり空襲警報《けいほう》が鳴るようになると、恐《おそ》ろしいので、竹屋《たけや》町（現・福山市霞町）の祖父母の家に身を寄せました。祖父母と叔父《おじ》の三人だった家は、七人の大家族になりました。

祖父は人力車を引く仕事をしていました。私は体が弱かったので、よく祖父の人力車に乗せられて、診療所に連れていってもらった思い出があります。叔父はまだ十五

満州の開拓団……戦時中、日本政府の国策によって、開拓のために満州に送られた移民のこと。満蒙開拓団。

歳で盈進《えいしん》商業学校（現・盈進学園）の生徒でしたが、結核《けっかく》※で寝たきりでした。結核だから近寄れません。いつも青い顔をしていたことだけ思い出します。

一九四五年（昭和二十年）八月八日、夜の九時半頃だと思います。空襲警報が鳴り響《ひび》いて、飛び起きました。母と叔母と私と弟の四人で、毛布一枚をかぶって無我夢中で逃げました。母と叔母が毛布の端を持って、その間に私と弟が入って、叔母が弟をしっかりつかまえていました。「空襲の時は明王院《みょうおういん》に避難」と決められていたため、明王院を目指して逃げました。

飛行機の轟音《ごうおん》が響く中、まず照明弾が落ちてきて、光って辺《あた》りが真昼のようになったかと思うと、次に焼夷弾《しょういだん》が落ちてきて辺りの家が焼けるんです。いつ落ちてくるのかと空を見ながら、火《ひ》の粉《こ》が飛び交う中を、人にぶつかったり、あっち行ったり、こっち行ったりしながら必死で逃げました。怖かったですよ。母が「ついておいで、ついておいで」と声をかけてくれて、弟も必死でついてきたと思います。

明王院に行く前に芦田川《あしだがわ》があるんですが、芦田川には私たちのように逃げてきた人が、どこから集まったのかというくらい何百人もいました。みんなお風呂に入ってい

結核……結核菌によって発生する感染症の一つで、咳、痰、呼吸困難等の症状が出る。

るかのように川に浸《つ》かっていました。私たちも川に入りましたが、水は私の腰の辺りまでありました。水に浸かったまま、家々が焼け落ちていくのを見ていました。河川敷があるから、川から少し距離はあるけれど、燃える家がバターンと倒れてくるのが、今にも自分のほうに倒れてきて、火の粉が飛んできそうで、怖かったです。家々が燃え盛《さか》っては崩《くず》れていくのを見ながら、川に浸かったまま、一晩明かしました。夜が明けないと、どっちに行けばいいかも分からないから。

祖父と叔父の死

長い夜が明けて、やっと明王院にたどり着き、祖父母や叔父を捜《さが》しましたが、姿はありませんでした。祖母は私たちとは別行動で、混乱の中、祖父や叔父を捜しに行ったのです。明王院で会うことになっていたので、私たちは不安な思いを抱《いだ》きながら、全員が集まるのを信じて待っていました。でも、いくら待ってもやって来ません。街《まち》の中心部は熱くて、足を踏み入れることもできないし、待ち続けるしかありませんでした。途方《とほう》に暮れていると、どこからともなく祖父と叔父が亡くなったらしいという

空襲翌日の福山市街（提供：福山空襲を記録する会）

話が伝わってきました。

ようやく祖母がやって来て、無事に会えたうれしさも束《つか》の間、祖父と叔父の死が間違いないことを私たちは知らされました。その時の悲しさ、悔《くや》しさは言葉になりません。祖母は、祖父と叔父の遺体を見つけました。でも一人ではどうすることもできず、後ろ髪を引かれる思いで、そのままにして、ひたすら歩き続けて明王院にたどり着いたのです。

祖父は町内会の警防団《けいぼうだん》の役員をしていたから、みんなに声をかけて、最後に逃げるつもりで逃げ遅れたのでしょう。近くの染色工場が爆発した際の毒ガスにやられて窒《ちっ》息《そく》したようで、家の近くの釣具《つりぐ》店の前で亡くなっていました。叔父は、結核で歩く力もなくなっていたのですが、防空壕《ぼうくうごう》まで祖父に運んでもらったのでしょう。「自分は逃げられないからここで死ぬ」と言っていたのではないでしょうか。防空壕の中で亡くなっていました。

母と叔母は、私と弟と祖母を明王院に残して、遺体のある場所に向かいました。祖父と叔父の二人の遺体を並べて、周囲の枯葉《かれは》や木切れを拾い集めて、荼毘《だび》に付しました※。当時、母は二十五歳、叔母は十九歳でした。

後に、母は『続　福山空襲の記録』（福山空襲を記録する会、一九八五年）に手記を寄せて、その時の思いを書いています。「私は、妹と一緒に、重い身体を引き寄せ、父と弟を並べ、足のほうから茶毘に付しました。――いかに戦時下とはいえ、葬式《そうしき》もできず、父や弟を、わが手で茶毘に付さなければならない苦衷《くちゅう》の程を察《さっ》してください。油もなく、燃やす木さえありません。結局、十分に骨にすることもできぬまま葬《ほうむ》りましたが、見るに忍《しの》びず、今なお、悔しくてなりません」

誰にもぶつけることができない苦しみ、悔しさを、勇気を出してつづったのだと思います。

疎開《そかい》生活

一晩で全てが変わってしまいました。明王院では、大人たちの「無事で良かった」という安堵《あんど》の声や、「これからどうなるんじゃろうか」という不安の声が飛び交っていました。これからどこへ行くのか、行くところもありません。街《まち》はもう全部焼け野原で、

※茶毘に付す……遺体を火葬すること。

ぺっちゃんこになっているんですから。
家族が空襲の犠牲になっても、二人死んだ、三人死んだはざらで、悲しい気持ちを表に出すこともありませんでした。とにかく生きていくほかはないから、この後どうしようかということを、大人たちは考えたと思います。私たちは祖母に連れられて、あまり付き合いのない親戚の家を捜し歩いてようやくたどり着いて、一晩泊めてもらいました。それから祖母の実家が駅家《えきや》町万能倉《まなぐら》にあったので、そちらに身を寄せました。農家の納屋《なや》※の二階に畳《たたみ》を入れてもらって、祖母、母、叔母、私と弟の五人で暮らしました。

数年間、親戚の家を転々としました。福山の惨状《さんじょう》はみんな知っていたので「困ったね、どうぞ」という感じで接してくれましたが、叔母がチフス※にかかった時は「疎開《そかい》してきた人が病気になって……」と嫌われて、聞くに堪《た》えないことも言われて、言うに言えない思いをしました。出ていけと言われても行くところもなくて……。チフスは終戦当時に、はやったみたいです。わが家は叔母がかかって、しばらく隔離《かくり》されました。

生活は、母が働いて支えてくれました。母は、戦前から三菱《みつびし》電機福山工場に事務職

納屋……物置小屋。
チフス……チフス菌によって起こる高熱や発疹を伴う細菌感染症。

で勤めていたので、会社に籍《せき》を残してもらうことができて、一九四六年（昭和二十一年）に復職しました。疎開先から四十分歩いて国鉄（現・JR）の万能倉駅まで行き、福山駅で降りてからも長い距離を歩いて職場に通ったと思います。母はその後二十九年間ずっと働いて、私たちを育ててくれました。

叔母は洋裁が得意で、端切《はぎ》れを使って何でも作っていました。私は叔母に服を縫《ぬ》ってもらうのが楽しみでした。近所の人にも縫ってあげて、そうやって地域の人と親しくなっていきました。歌が好きで、一日中ラジオをかけて歌っていました。私は戦後、疎開先の自彊《じきょう》国民学校に通いました。

宮 晏枝 さん

疎開を終えて

戦争は、わが家の男たちをみんな奪《うば》っていきました。戦地では父、こちらでは祖父と叔父。わずか二十五歳で、家族の生活を支えなければならなくなった母の苦労は、並大抵《なみたいてい》ではなかったと思います。

私が小学校四年の時に、私たちは疎開先を離れました。つらいこともたくさんありましたが、家族が協力して、貧《まず》しいながらも、日々の生活をやっと取り戻すことができたのです。最初は住吉《すみよし》町に住んで、私と弟は南小学校に通いました。その後、市営住宅に入り、東中学校を卒業後、母の勧めで工業高校に進みました。「女の子は手に職をつけなさい」と言われて、色染科に入り、卒業後は神辺《かんなべ》町の染色工場に就職しました。化学染料で糸を染《そ》める現場で、色出しの試験をする試験室を作ってもらって働きました。やりがいもあって楽しかったです。三年働きました。

母は私のためにいろいろ仕事を探してくれました。レコード※店に勤めた時は、一日中レコードをかけて楽しかったです。二年働きました。クリーニング店にも勤めました。そして、一九六三年（昭和三十八年）に結婚し、長女と長男が生まれました。

弟は工業高校の工業化学科を出て、松永化学に就職し、後に清水化学に転職しました。叔母は、戦地から復員してきた熊本の人と結婚して、熊本に行きました。

定年まで働き通した母は、弟一家と幸せに暮らして、二〇一〇年（平成二十二年）に九十歳で天寿《てんじゅ》を全《まっと》うしました。

レコード……音声や音楽などを聴くために使われたディスク。

戦争の痛み

福山市中央公園に、福山市戦災死没者《しぼつしゃ》慰霊碑《いれいひ》（母子三人像）ができた時、私は子ども二人を連れて、慰霊碑《ひ》の除幕式に行きました。一九七二年（昭和四十七年）、三十三歳の時です。像を見て、〝ああ、まさに、こんなふうに私たちも逃げ惑《まど》ったのだ〟と思い、胸に迫ってくるものがありました。

戦争を体験した者としては、戦争というものは絶対にやってほしくありません。戦争ほど残酷《ざんこく》なものはありません。戦争は最大の痛みです。もう全部が痛みます。

母子三人像の前で福山空襲を語る宮さん（左）と、
その話に耳を傾ける岡本さん（中）と胡さん（右）

国の経済も、家庭も、人間の心も、全部壊してしまいます。

この七十五年間、この国で戦争がなかったことは素晴らしいことです。私たちは、戦争の苦しみや悲しさ、悔しさを乗り越えて、幸せな家庭を築くことができました。幸せであることに感謝し、今の平和が末永く続くように祈っています。戦争は駄目《だめ》だということを、小さくても心のこもった言葉で伝えていかなければいけないと思っています。

聞き取りを終えて

HIROSHIMA

岡本 正美 さん

ある日、当時四歳で福山空襲に遭《あ》った祖母が語ってくれました。「今でも空襲の光景が目に浮かぶから、思い出したくない」「親に背負《せお》ってもらい、川に浸かりながら逃げた」「真っ赤に燃える風景が、一枚の絵のように見えた」――祖母は、何十年も忘れられない過去を胸に秘め、生き抜いてきました。

今回、証言を聞いた宮さんも同じような経験をされていました。

驚いたのは、幼少の時に空襲に遭ったにもかかわらず、当時の情景を鮮明に覚えていらっしゃったことです。当時の生々しい話を聞くと、その情景が目に浮かびます。宮さんの証言を聞き、戦争の恐《おそ》ろしさと同時に、命の大切さを知りました。

小・中学生の頃、毎年八月六日は登校日でした。そこで、原爆に関した本を読んだり、映像を見たり、千《せん》羽《ば》鶴《づる》を折って平和の願いを書き込んだりしました。それと同じように、戦争を経験した人の話を聞くことは大切だと、改めて感じました。

「生きることは、助け合うこと」――笑顔の絶《た》えない世界が続いていくよう、友だちや家族に今回の話を伝え、戦争の残酷さを分かってもらいたいです。戦争は絶対反対！

◇ ◆ ◇ ◆ ◇

学校で福山空襲について勉強することはあまりなかったので、今回の聞き取り運動で「自分が住んでいる福山の歴史を知りたい」と率直に思いました。

胡 杏菜 さん

宮さんの話で印象に残ったのは、「戦争中は涙も出なかった」という内容です。どんなに怖くても周りの子も同じ思いだったから泣くことはできなかったそうです。「福山が空襲に遭い、燃えた家々の間を裸足《はだし》で逃げる時、いつ焼夷弾が落ちてくるか分からないからずっと空を見上げていた」。そんな内容を聞いて、涙を流す余裕《よゆう》もないほど、戦争は恐ろしいのだと感じました。

私は、「福山空襲が起きる前と後では、戦争のイメージは変わりましたか？」と質問をしました。宮さんは、「実際の焼夷弾は、まるで火の玉が落ちてくるように見えた。戦争って、本や漫画で読むのと比べものにならないくらい怖いのよ」と答えてくださいました。それを聞いて、きっと私がイメージしている戦争よりずっと、ひどいのだと知りました。

私は戦争を体験したことはないけど、自分が住む福山で、何が起きたのか知ることができました。

広島市の原爆と同じように、福山で起こった空襲が「昔のこと」と忘れられないように、語り継《つ》いでいこうと思います。

恐ろしかった「空《くう》襲《しゅう》警《けい》報《ほう》の音」

証言者　檀上《だんじょう》裕《ゆたか》さん　八十一歳

戦災時の年齢　六歳

取材者　土井《どい》美咲《みさき》さん　十七歳

松井《まつい》彩花《あやか》さん　十六歳

空襲警報《くうしゅうけいほう》の音の下で

わが家は、福山市中心部の松浜《まつはま》町にあった。家の近くには当時、「帝染《ていせん》」との通称で呼ばれた日本火薬製造（現・日本化薬福山工場）という会社があって、そこは戦争のための火薬を作っていた。

私は一九三八年（昭和十三年）に生まれた。物心ついた頃、あの頃はどの家もそうだが、父親は出征《しゅっせい》していた。家には、病弱な母、私と三歳年下の妹、祖母が住んでいた。祖母は、戦前から菓子の製造業と石炭販売業を営《いとな》んでおり、福山市の歩兵第四十一連隊に菓子を納《おさ》めていたが、

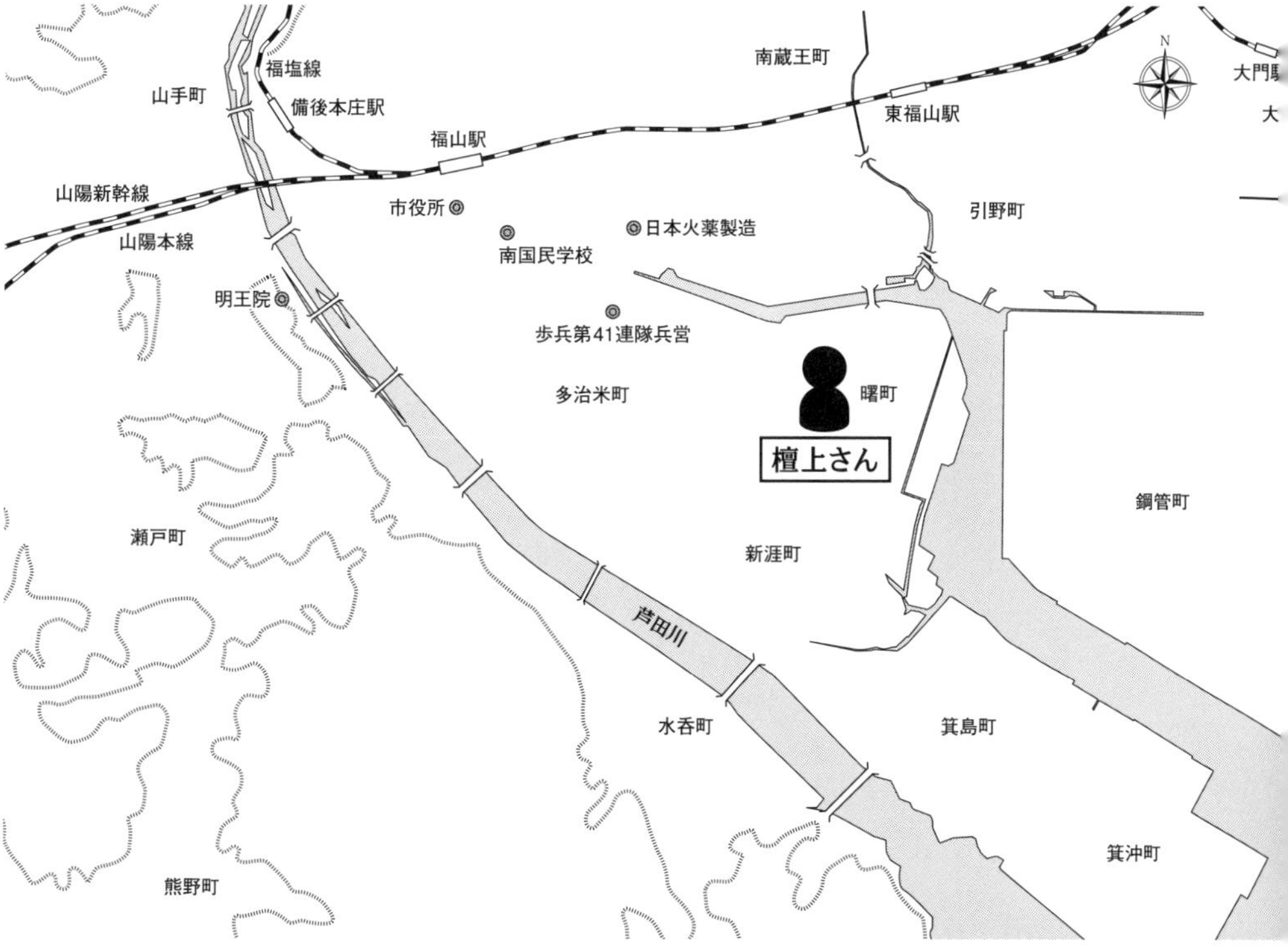

戦争が激しくなると原材料が入らず、菓子も作れなくなっていた。

わが家には大きな防空壕《ぼうくうごう》があった。国民服《こくみんふく》※を着て戦闘帽《せんとうぼう》をかぶった町内のおじいさんに、「何かあったら防空壕に逃げろ」と言われていたが、子どもの遊び場になっていた。土を深く掘って造《つく》ってあり、中に入るとひんやりして、とても気持ちが良かった。

平穏な生活だったが、それが変化していくのを感じたのは、米軍機を見るようになってから。当時の福山市は人口が六万人くらいで、地方の小さな町だが、火薬を作る会社や軍隊があったからだと思う。偵察機《ていさつき》かどうか分からないが、雲と雲との間にチラッと光って、また雲の中に消えていく。すると警《けい》戒警報《かいけいほう》が鳴る、というようになった。

歩兵第 41 連隊営門（提供：福山空襲を記録する会、写真集『よみがえる炎のさけび』より転載）

国民服……1940 年に国民の着用すべきものとして制定された戦時常用衣服。

警報には警戒警報と空襲《くうしゅう》警報があった。警戒警報は高音で人をあおるような音だが、空襲警報は低音で鳴った。低く重たくうねる音。これは何回聞いても慣れない、子ども心にも気持ちの悪い怖い音だった。その音が鳴ると、大人の顔からも笑顔が消えた。外でのんびり夕涼《ゆうすず》みをすることもなくなり、「これから戦争はどうなるんじゃろう？」「本当に空襲が来るんじゃろうか？」とおびえる毎日になっていった。

ある日の夜中、寝ている時に空襲警報が鳴った。私は爆弾が落ちてくるという恐怖で体がカチコチになった。祖母は「すぐに鳴り止《や》む」と言い、母は何かお経《きょう》を必死で唱《とな》えていた。

また別の日には、空襲警報が朝に鳴った。私はその時、南国民学校（現・南小学校）の前を歩いていて、正門に入ると、向こうの西門のほうにいた女の先生が「早く！早く！」と手招きしてくれた。そこをめがけて一目散《いちもくさん》に走った。でも体がカチコチにこわばって、すぐ近くなのに遠く感じた。先生が抱《だ》きとめてくれて、背中をぽんぽんと叩《たた》いてくれた時に、恐怖心がすーっと抜けていったことが忘れられない。ああ、助かったと思った。「校庭にあった防空壕に入って」と言われて入ったが、テントを張ったような簡単な造りで、大丈夫かなと思った。

私が一番恐《おそ》ろしかったのは、この空襲警報の音。遊び盛《ざか》りの自由奔放《ほんぽう》な子どもが、体がカチコチになって動けなくなる。本当に怖かった。ゆっくり波を打つ低く重たい音。人を地の底に引きずり込むような、恐ろしい戦争の音だった。

空襲の夜

八月初め頃、私たち家族は福山市中心部から少し離れた新涯《しんがい》町にある母の実家に疎《そ》開《かい》した。疎開して数日後の八月八日の夜、福山一帯が空襲を受けた。私たちは、家の中よりも安心だと思って庭で寝ていた。庭で一緒にいた従兄《いとこ》はまだ眠っていなくて、「ヒューン、スポ！」という音が聞こえて、〝焼夷弾《しょういだん》が落ちる音だ。もし、焼夷弾が直撃したら死んでしまう〟と思ったらしい。死と隣り合わせの夜だったのだと思う（新涯町には三発の焼夷弾が落ちた）。

空襲の翌朝、まだ薄暗《うすぐら》く静かな空に、「ドカン！　ドカン！」という大きな音が轟《とどろ》いていた。空襲で燃え残った「日本火薬」のドラム缶が破裂《はれつ》して爆発したのだと、近所の人が話しているのを聞いて、母の実家に疎開していて助かったと思った。

空襲の後の福山の街《まち》は、真っ黒に焼け焦《こ》げ、瓦礫《がれき》だらけ。町全体が焦げくさかった。わが家があったところに戻ってみると、建物も防空壕も、跡形《あとかた》もない。もし、疎開せずにあのまま家にいて、防空壕に逃げ込んでいたら、家族全員焼け死んでいた。

福山空襲では、市街地の八〇パーセントが焼け、三百五十四人が亡《な》くなった。空襲の翌朝、すぐ隣の住吉町の水田で、乳《ち》飲《の》み子《ご》を抱《かか》えた母親と、母親の足にしがみついた五歳の男の子の、母子三人の遺体が見つかった。福山市中央公園の福山市戦災死《し》没《ぼっ》者《しゃ》慰《い》霊《れい》碑《ひ》（母子三人像）はその母子の姿を偲《しの》んで建てられているが、あの夜、私と同じ年頃の男の子が、焼夷弾の火の海を必死で逃げ惑いながら、母親と共に焼け死んでいったのだと思うと、悲しみと怒《いか》りの混じった、何とも言えない気持ちが込み上げてくる。

「もう二度と戦争だけは起こしてはならない！」と強く思う。

腹ペコの少年時代

終戦後、私たち家族は焼け跡にバラック※を建てた。親戚や近所の人に手伝ってもらっ

バラック……木材などで一時的に造られた家屋。

て、焼け残った木材や瓦《かわら》を使って建てたと思う。半分は焼けた瓦だから茶色いまだら模様《もよう》、風で飛ばないように重しになるものを屋根に載《の》せていた。雨漏《あまも》りはするし、冬は隙間風《すきまかぜ》が入るから段ボールで塞《ふさ》ぐが、しばらくすると破《やぶ》れた。そんなところに住んでいた。生活用品は、瓦礫の中から使えそうな鍋《なべ》、釜《かま》、食器を掘り出して使った。

食べ物はほとんど配給制※で、通帳を持って並んで、やっと米、メリケン粉、塩などを手に入れることができた。主食の米は細長い形の外国米で、ほとんどに虫が湧《わ》いていて、いくら洗ってもくさみが取れなくてまずかった。買い出しに行っても米はなかなかもらえなくて芋《いも》ばかりだった。

福山市からの支援物資に厚生団子《だんご》という食べ物があって学校で配られた。米ぬかを干《ほ》して丸めて焼いたもので、香《こう》ばしくておいしい時もあったが、ぬかが不足して何かを混ぜたのか、酸《す》っぱくて食べられないこともあった。

福山市東部の大門《だいもん》町にアメリカ兵の駐屯《ちゅうとん》地《ち》※があって、アメリカ兵が歩いているのを大勢の人が見ていたが、私は木陰《こかげ》に隠れていた。アメリカ兵が鉄砲《てっぽう》を向けて撃《う》ってくるんじゃないかと思った。ところが、その彼らが配給物資をリュックサックに入れて、

配給制……戦時中や戦後に、生活物資の不足のため、国が物資を割り当てて配ること。
駐屯地……軍隊がとどまる軍事基地。

各家庭に売りに来た。チューインガム、チョコレート、パイナップルの缶詰など初めて見るものばかり。母がいくつか買ってくれて、私は子ども心に〝昨日の敵はきょうの味方〟と思って、「兵隊さんありがとう」と思わず言った。甘くておいしくて、「いつもこんなおいしいものばかり食べているから、アメリカは強いんだ」と言い合った。中でも、パイナップルの缶詰がおいしかったことは一生忘れられない。感激した。

配給だけでは足りなくて、食べたくても食べる物がなくて、腹ペコの少年時代を過ごした。被災していない親戚からの援助もあって、何とか食べ物を手に入れて、戦後を乗り切ることができたが、戦争は私たちを餓鬼《がき》※に変えてしまった。

戦後を生き抜いて

戦争は、子どもたちに大きな影響を与えたと思う。空襲前は私は素直な子どもだったと思うが、空襲で環境もすっかり変わって、食べる物もなく、心も乱《みだ》れて、性格も変わってしまった。思い出したくないが、ふてくされたり、強い者にへつらったり、弱い弟や妹を怒鳴《どな》りつけたり、友だちとけんかしたり。社会に対しても学校に対しても、

餓鬼……飢えと渇きに苦しむこと。

〝こんなひどい目に遭《あ》わせやがって〟という反抗心があった。

いつ頃かは思い出せないが、復員※してきた父と家族そろっての生活が始まった。弟たちも生まれて、私は四人きょうだいの長男なので、家に帰ると用事ばかり言いつけられた。小遣《こづか》いもないから、近所の子らと鉄屑《てつくず》を拾って歩いた。真鍮《しんちゅう》と銅《どう》がお金になった。戦後、被災していない家庭は暮らし向きもいいのに、自分たちは鉄屑拾いをしている。その差はきつかった。学校に弁当を持って行っても、蓋《ふた》を開いたら麦飯《むぎめし》だけで、恥ずかしいので蓋で隠しながら食べた。そんなところから劣等感《れっとうかん》が生まれてきて、自分を苦しくさせた。

父はゴム会社に就職した後、豆炭《まめたん》、練炭《れんたん》、薪《たきぎ》などを扱う家庭燃料事業を始めて、やっと生活が軌道《きどう》に乗ってきた。私もリヤカーでの配達などを手伝った。その頃、母が腸《ちょう》閉塞《へいそく》で倒れた。約十五時間に及ぶ大手術で奇跡的に一命を取り留《と》めた。町内のおじいさんが漢方に詳《くわ》しくて、教えてもらった漢方薬を煎《せん》じて飲んでいるうちに、母は元気になり、父の仕事を手伝えるまでになった。

中学卒業後、私は早川ゴムに就職し、昼は工場で働き、夜は福山誠《せい》之《し》館《かん》高等学校に

復員……戦時中の軍隊の体制が解かれて、兵士が帰郷すること。

通った。二十一歳の時、大阪の関連会社に転勤し、大阪中を営業で走り回った。その後、昭和四十年代後半に福山に戻って新たな職に就《つ》き、友人にも恵まれながらここまで生きてきたが……人生はまばたきの速さで、あっという間だった。

戦中戦後、大変な思いをして育ててくれた両親に感謝の思いは尽きない。父は一九八〇年（昭和五十五年）に六十九歳で亡くなった。病弱だった母は九十五歳の天寿《てんじゅ》を全《まっと》うして二〇〇八年（平成二十年）に亡くなった。

檀上 裕 さん

平和の心

母の実家に近い曙《あけぼの》町辺《あた》りは子どもの頃によく行った。一面田んぼで、きれいな小川があり、豊かな自然の風景が残っていた。柿やザクロの木があり、実をもぎ取っては食べていた。勉強は放《ほ》ったらかしで、イナゴを捕《と》って瓶《びん》に入れて遊んだり、木に登って夕日を眺《なが》めながら平和を感じた。

今も海や山や田舎《いなか》へよく行く。子どもの頃は夏に海水浴に行くのが一番の楽しみだった。きれいな海を見ていると癒《い》やされる。自然には人間の心を安らかにする力《ちから》があると思う。

私は十年以上、地元町内の老人会の会長を務《つと》めてきて、多くの人と関わって、たくさんの友人・知人ができた。老人会の活動がきっかけで、福山空襲の話をするようになった。つらいことは思い出したくないが、戦争を経験し、一生懸命に戦後を生き抜いてきた自分にできることは、平和の大切さを語ることだと思う。地域や周りの人たち一人一人を大切にして生きていきたい。

若い人たちには、平和の心を育ててもらいたい。自分が幸福になるためにも、周りの人の幸せを祈り願い、行動する人になってもらいたいと思う。

聞き取りを終えて

HIROSHIMA

土井 美咲 さん

私の祖父や祖母は福山空襲に遭《あ》っておらず、今回初めて詳しく学ぶことができました。

六歳で空襲に遭った檀上さんの話の中で、戦後の生活が心に残りました。戦後は食べ物が制限され、配給制だったとのこと。それは教科書に載《の》っているので私も知っていましたが、そこから差別が広がったことは初めて知りました。

檀上さんは、こう語ってくれました。「被災していない子は、お金があるから家庭教師に勉強を教えてもらえて、高収入の仕事に就ける。でも被災した子は、お金がないから勉強する機会が持てず、その日その日を必死に生きていく。すると、だんだん心が荒れて、悪い道に染《そ》まってしまうんだ」と。

教科書に書かれていないつらい事実が、檀上さんの感情とともに伝わってきて、とても衝撃的でした。

檀上さんの話を聞いて、平和の心を育てる教育の大切さを実感しました。そして過去の出来事だけを知るのではなく、実際に経験した当事者の〝心〟を感じ、戦争の悲惨《ひさん》さを知ることの大切さを学びました。

◇◆◇◆◇

平和な毎日、いつもの街並み――戦争を体験したことのない私にとって、当たり前の日常です。でも、檀上さんのお話を聞き、七十五年前の福山は、平和とはかけ離れていたことを知りました。

松井 彩花 さん

当時は、空襲警報が鳴るのが、日常だったそうです。ゆっくりで低い、不気味な音だったとのこと。二日や三日に一回は鳴り、夜中に鳴った時は、体が固まって防空壕に行けないほど怖かったそうです。六歳の子どもだった檀上さんにとって、どんなに恐ろしい音だったでしょうか。

檀上さんは私たちへメッセージを語ってくれま

した。「戦争を二度としないために、自分だけでなく、他人の幸せを願ってほしい。それが誰にでもできる平和の行動だよ」と。この言葉を私が世界中に伝え、皆が実行したならば、きっと戦争など起こらないでしょう。

今も心に深い傷を負っているにもかかわらず、当時の記憶を語ってくれた檀上さんには感謝しかありません。遠い昔の話だと思っていた戦争だったけど、自分の住む福山に焼夷弾が落とされ、それを見た人がまだ自分の近くに存在している。この事実を知り、平和のために私も行動しなければ、と強く感じました。

生家があった場所を指さして話す檀上さん（左）。
土井さん（中）と松井さん（右）は当時の惨状に思いをはせる

本書収録の証言者以外の方に

被爆・戦争体験の
取材をした高校生の感想

感想文の一部を抜粋し、掲載します

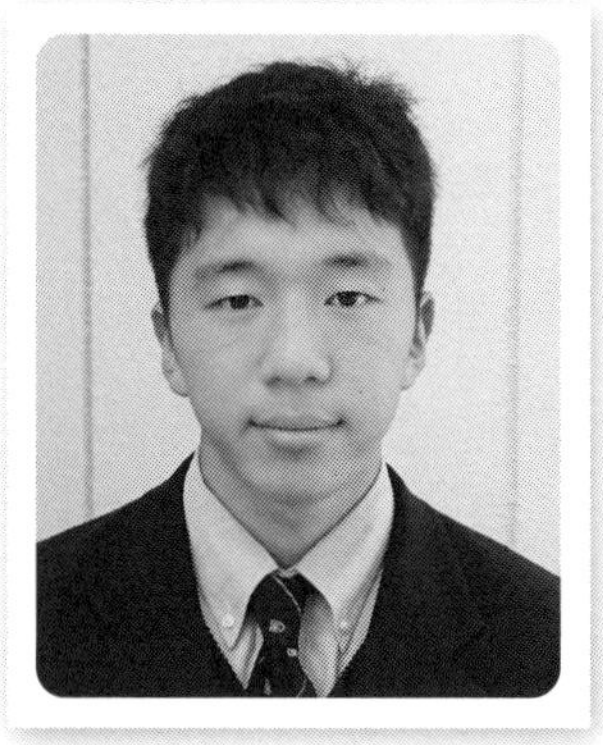

16歳

池谷《いけたに》 将志《しょうし》さん

被爆《ひばく》した人は、メリケン粉《こ》と彼《ひ》岸花《がんばな》、そして人骨《じんこつ》をすりつぶしてやけどした患部《かんぶ》に塗《ぬ》ったそうです。同じ人間の骨を使わないといけない状況を知り、悲しみと衝《しょう》撃《げき》を受けました。

平和とは、「戦争がなく、すべての人が笑顔でいられる世界」。そう教えてもらいました。

嵩《だけ》 大志《たいし》 さん

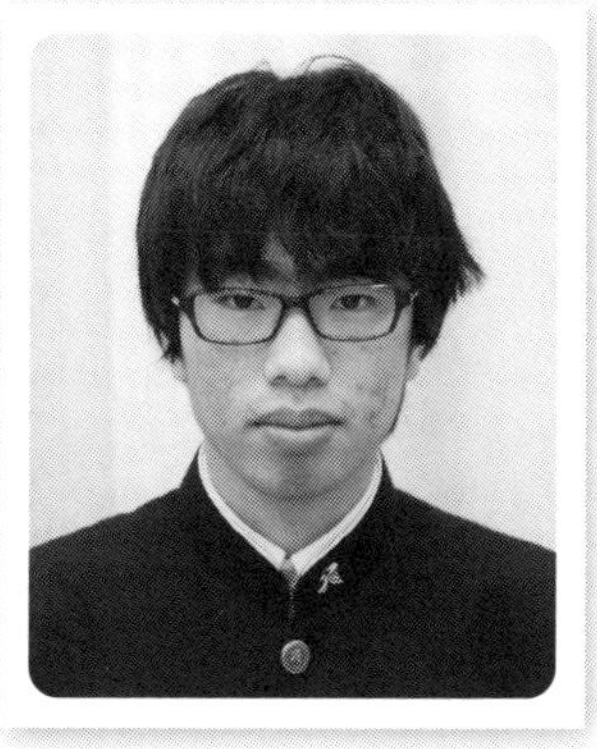

16歳

悲惨《ひさん》な体験を聞き、言葉が出ませんでした。原爆《げんばく》の恐《おそ》ろしさは、自分の予想をはるかに超えていました。

それでも、「悲惨な過去を乗り越えよう」と、力強く生きる被爆二世の方と接し、原爆の恐ろしさを自分たちの世代に広げようと決意しました。

亀山《かめやま》 美紅《みく》 さん

17歳

被爆証言を聞くまで、「過去のことだから関係ない」と思っていました。戦争や平和について、深く考えたことがなかったのです。

でも、こんな近くに被爆の影響を受けた方がいたことを知り、改《あら》めて原爆の恐ろしさを感じました。絶対に記憶に残そうと思います。

経元《きょうもと》 絵美《えみ》 さん

17歳

今まで、学校で平和学習を受けてきました。今回、主体的に証言を聞くことで、一つ一つの言葉に、より重みを感じられました。

皆が豊かな心を持ち、思いやれる世の中になれば、同じ悲劇を繰り返すことはありません。今、自分にできることを考え、行動します。

久保《くぼ》 孝子《たかこ》 さん

17歳

被爆証言を聞き、自分にとっての「平和」が大きく変わりました。以前は、家族や友達と笑って、穏《おだ》やかに生活することでした。しかし今、私にとっての平和とは、戦争の悲惨さを忘れずに、努力することに変化しました。

平和の大切さを伝えるため、学んでいきます。

17歳

田川《たがわ》 優里《ゆうり》 さん

聞き取りをする前、私は被爆体験を聞くのが少し怖かったです。でも、被爆二世の方は、明るく前向きに生きておられました。「諦《あきら》めないこと」「人との出会いを大切にすること」——。何度も繰り返されたこの言葉を、私自身も大切にしたいです。

谷川《たにかわ》 絢花《あやか》 さん

17歳

お話を伺《うかが》った被爆二世の方は、がんを計七回も患《わずら》いながら、前向きに生きておられます。

その被爆証言を聞き、昨日より強い自分になろうと思いました。今でも戦争や紛争《ふんそう》で苦しんでいる人がいる。その事実を忘れず、世界平和のためにできることをしていきます。

直木《なおき》 絵美《えみ》 さん

17歳

被爆二世の方に初めてお話を聞きました。

「原爆で亡《な》くなった方が、今も地中に埋まっている。その人たちがいるから、私たちが今を生きていられる」との言葉が、一番心に残りました。

命の大切さを感じ、生きているだけで幸せなことだと思えました。

松村《まつむら》 正樹《まさき》 さん

16歳

皮膚《ひふ》がドロドロに溶《と》けた人が川に飛び込む。死体が道端で焼かれる。それが当たり前だったそうです。

戦争は、関係のない人まで巻き添えになる。だから絶対にしてはいけないと思いました。

被爆者の体験を何十年、何百年後も語り継《つ》いでいけるようにしたいです。

三好《みよし》 南名海《ななみ》 さん

16歳

これまで私が知らなかったことばかり。思わず耳をふさぎたくなるほど残酷《ざんこく》な話でした。改めて、人の命の重さ、友達の大切さを考え直すことができました。

　証言者の方は、「生きるために、努力することが大切」と。日々の幸せを見つめ直し、平和の歩みを始めます。

森下《もりした》 元紀《はるき》 さん

16歳

僕は戦闘機や軍艦《ぐんかん》が好きな、いわゆる〝ミリオタ〟です。でも現実の戦争の話は、ゲームやインターネットでは想像できないほど残酷でした。証言者の方が最後に握手してくれました。その手のぬくもりを忘れることはできません。

　平和な広島に生まれたことに感謝します。

門前《もんぜん》 来海《くるみ》 さん

16歳

こんなに残酷なことはない。こんなに理不尽なことはない――。戦争の恐ろしさを思い知らされました。

　二度と悲劇を繰り返さないためにできることは、判断を他人に委《ゆだ》ねず、自分で考えること。無関心にならず、多くの情報に触れ、勉強していきたいです。

龍王《りゅうおう》 隆李《らいり》 さん

17歳

昔の話を聞いて意味があるのか――そう思っていました。でも、空襲の恐怖など、体験した人にしか分からない〝心〟を知りました。

　僕にとって平和とは、争いやいじめなど、誰かが不幸になるようなことがなく、みんなが幸せに過ごせること。自分から笑顔を見せて、周囲を幸せにしたいです。

HIROSHIMA PEACE VOICE

ヒロシマピースボイス

http://www.pv-hiroshima-soka.jp

ウェブサイト「ヒロシマピースボイス」では、
「ヘイワッシーの史跡シリーズ」や「平和塾」など、
平和について学べるコンテンツがたくさん掲載されています。

平和主義のインコ
ヘイワッピ

もの知りの
ヘイワッシー

パワフルな
ヘイワニー

なかよしがきらいな
カクカクヘビ

平和主義のわんこ
ヘイワン

TOPICS
トピックス

平和に関する「ニュース」「コラム」などを定期的に発信中！「ヘイワッシーの史跡シリーズ」では、この本で紹介している場所以外の被爆遺構も紹介しているよ！

PEACE HIROBA
ピースひろば

自分の性格を面白おかしく診断する「ヘイワンの平和キャラ診断」、紙芝居形式で平和について学べる「平和塾」など、楽しいコーナーが満載！

被爆地・広島の使命として、「平和の声」を発信し、「平和の連帯」を
築いていきたい。そうした思いから生まれた広島創価学会の
平和を発信する「ヒロシマピースボイス」をぜひご覧ください！

ヘイワッシーの
被《ひ》爆《ばく》遺《い》構《こう》めぐり

ウェブサイト
「ヒロシマピースボイス」のキャラクターである
ヘイワッシーと一緒に
広島市内の被爆遺構を学ぼう！

ヘイワッシー

学究肌のアカデミック系平和主義のワシ。日々、平和を学問的に追究している。

とても博識で研究に没頭しはじめたら、寝食を忘れてしまうほど。

ロジカルな思考にたけているが、人に対してはかなりドライ。

メガネを外すとかわいい目をしていて、それを見た人は幸せになれるという都市伝説も！?

【旧日本銀行広島支店】

〒730-0036 広島市中区袋町5−21

まずは、「旧日本銀行広島支店」を紹介するぞ。

広島電鉄・袋町《ふくろまち》電停が目の前にあり、街ゆく人たち、バスや車が往来する場所に立っておる。入場料無料で開館しとるから、みんなも気軽に屋内を見学できるぞ。

ここは爆心地からの距離は約三百八十メートル。一九三六年（昭和十一年）に建てられた、鉄骨鉄筋コンクリート地上三階、地下一階建ての建物じゃ。

被爆《ひばく》当時、広島市内は「炎《ほのお》の竜《たつ》巻《まき》を見た」という人もおったほど、激《はげ》しく燃えたんじゃ。この建物の一、二階は鎧戸《よろいど》を閉《し》めていたから、あまり燃えずに済《す》んだんじゃが、

窓を開けていた三階は激しい炎に包まれたんじゃ。さらに、原爆《げんばく》による強い爆風《ばくふう》で窓枠《まどわく》ごと破壊された。でも、丈夫に建てられていたから、建物自体は大きく倒れたり壊れたりは、しなかったんじゃ。

　なんと原爆投下から二日後の八月八日には、銀行業務を再開し、金融面で復興に大きな役割を果たしたんじゃよ。

　現在は、広島市指定重要文化財になっとる。時々、イベントもしとるから、寄ってみたらええよ。

【広島大学旧理学部１号館】

〒730-0053 広島市中区東千田町１丁目１–89

次は、「広島大学旧理学部一号館」じゃよ。東千田《ひがしせんだ》公園の一角にあるから、休日は犬の散歩をする人や、子どもたちの遊ぶ声、ヨガをする人たちの和《なご》やかな声に囲まれておる。

一九三一年（昭和六年）に広島文理科大学の校舎として竣工したんじゃ。鉄筋コンクリート造りの三階建てで、上空から見ると「ヨ」の字型をしとる。

爆心地からの距離は約一・四キロメートル。被爆後、外郭《がいかく》を残して全焼したんじゃが、翌年九月には講義を再開したんじゃ。今は、東広島市にあるキャンパスに理学部が移転されたので、建物は閉鎖《へいさ》されて立ち入り禁止じゃ。

ちょっと行った先には「御幸《みゆき》橋」があるんじゃが、ここら一帯は被爆当時、やけどや傷を負った人たちが通ってきた道じゃ。この建物は、人々の往来を静かに見守り続けてきたように見えるのう。

　実は、今後の保存や活用については、検討されとるそうじゃから、今の姿を見れるのはあとどれくらいなんかのう。みんなが現地に立っていろんなことを感じ、考えてみてくれるのを願っとるよ。

【広島市役所旧庁舎資料展示室】

〒730-8586 広島市中区国泰寺町１丁目6–34

次は、「広島市役所旧庁舎資料展示室」じゃ。広島市の中心地で、忙しそうに人が行き交っておるのう。展示室は、広島市役所の目の前にあるんじゃよ。入場料無料で、午前八時三十分から午後五時十五分まで開館しとるから、みんなもすぐにでも見に行けるぞ。
　入り口の周《まわ》りには水が張られとって、水を求めて亡くなった原爆犠牲者《ぎせいしゃ》の慰霊《いれい》の意味も

込めてあるんじゃ。

　爆心地からの距離は約一キロメートル。被爆当時、広島市役所は鉄筋コンクリート四階建てで、広島県防空本部も置かれておったんじゃ。周りは建物疎開《そかい》で空き地にされとったが、原爆による激しい炎に市役所の内部はほとんど焼き尽くされたんじゃ。火災が収まった後は、臨時《りんじ》の救護所にもなったんじゃよ。

　展示室では、旧庁舎のありし日の姿や、広島市の復興の様子を見ることができ、音声でも説明を聞くことができるぞ。

　緑豊かで穏《おだ》やかに川が流れる広島の街《まち》も、多くの人たちの努力によって、今の姿《すがた》があるんじゃなぁ。

【広島赤十字・原爆病院メモリアルパーク】

〒730-0052 広島市中区千田町２丁目5–64

次は「広島赤十字《せきじゅうじ》・原爆病院メモリアルパーク」じゃ。

ワシも友人のお見舞いで行ったことがあるが、今はきれいで立派な病院が立っとるのう。

広島赤十字病院（当時）は、爆心地から約一・五キロメートル離れていた。原爆による爆風で三階の窓枠はねじ曲がり、窓ガラスは割れて壁に突き刺さったんじゃ。

この場所には、被爆当時の状態を示すものとして、今もそのまま残っとる。広島市の被爆建物保存事業の第一号でもあるんじゃよ。

被爆当時、病院は建物の外枠だけが残り、壊滅《かいめつ》状態だった。生き残った医師や看護師、医療関係者、看護学生は不眠不休で被爆者の救護にあたったんじゃよ。

一面焼け野原になった広島市内で掲《かか》げられた赤十字旗は、さながら〝廃墟《はいきょ》の中のオアシス〟のようだったとの言葉が残されとるくらいじゃ。

病院の向かい側にメモリアルパークがあるけえ、みんなも近くを通ったら見てみるとええよ。

【中国軍管区司令部跡（旧防空作戦室）】

〒730-0011 広島市中区基町21

次は「中国軍管区司令部跡《あと》（旧防空作戦室）」じゃ。

広島の観光スポットである「広島城」の周辺に、被爆建物があることを知っとるかのう。戦時中、広島城とその周辺には、多くの軍事施設があったんじゃ。

戦時中、この防空作戦室では、空襲《くうしゅう》警報《けいほう》・警戒《けいかい》警報の発令や解除などを行っていたんじゃ。多くの軍人に交じって、比治山《ひじやま》高等女学校の生徒たちも動員されておったんよ。

この場所は、爆心地から約七百メートル。被爆直後、ある生徒が作戦室に戻って軍事専用電話を使い、福山へ広島の様子を連絡したそうじゃ。これが、広島の原爆被災の「第一報」と言われているんじゃよ。市内の電話が破壊されている中、この電話はかろうじて残っていたそうじゃ。

広島城に足を運んだ際は、一度見に行ってみると勉強になるぞ。

※二〇二〇年九月現在、施設内部の見学は中止しています。

【福屋　八丁堀本店】

〒730-8548 広島市中区胡町6-26

最後はワシもよく行く「福屋八丁堀本店」じゃ。ワシが百貨店で何を買うのかって？　それは秘密じゃのう。

福屋百貨店（当時）は、一九二九年（昭和四年）に開業し、広島県初の百貨店として、開店当初から大賑《おおにぎ》わいだったそうじゃ。エレベーターガールや、化粧品売り場のマネキンガールは、女性たちの憧《あこが》れの的《まと》だったそうじゃよ。

福屋は、爆心地から約七百十メートルの距離にあり、原爆投下直後は爆風や火災で建物はボロボロになった。「広島復興の足がかりは福屋から」との思いが広がり、四六年（昭和二十一年）一月一日には再建の第一歩として、「酒の立ち飲み」をスタートしたそうじゃ。原爆投下からわずか五カ月後じゃったが、一杯二円の酒を求めて市民が集まる憩《いこ》いの場になり、二月には、百貨店として営業を再開することができたそうじゃよ。

たくさんの歴史を広島市民と一緒に歩んできた福屋。いつ行っても安心する場所じゃのう。

参考文献

- 日本銀行 広島支店「原爆投下と日本銀行」
  （https://www3.boj.or.jp/hiroshima/atomic-bomb/memory.html）
- 公明党「広島大学旧理学部１号館の保存・活用 被爆建物 平和拠点に」
  （https://www.komei.or.jp/komeinews/p37335/）
- 公益財団法人広島観光コンベンションビューロー「ひろたび」
  （https://www.hiroshima-navi.or.jp/post/005748.html）
- ヒロシマの今から過去を見て回る会「30－1. 日本赤十字原爆病院」
  （http://tomura.lolipop.jp/9/906/30-1.nisseki.htm）
- 広島平和記念資料館「企画展を見よう」
  （http://www.pcf.city.hiroshima.jp/virtual/VirtualMuseum_j/exhibit/exh0807/exh080702.html）
- Hiroshima Peace Tourism「中国軍管区司令部跡（旧防空作戦室）」
  （https://peace-tourism.com/spot/entry-43.html）
- Fukuya「広島とともに80年 福屋物語」
  （https://www.fukuya-dept.co.jp/80th_anniversary/?p=5）
- 中国新聞（ヒロシマ平和メディアセンター）
  「経済人たちの戦後70年〈2〉福屋（広島市中区）・大下龍介会長」
  （http://www.hiroshimapeacemedia.jp/?p=49653）

（閲覧日：2020年6月26日）

75《ななじゅうご》—未《み》来《らい》へつなぐヒロシマの心《こころ》

2020年 10月　2日　初版第１刷発行
2020年 10月 28日　初版第２刷発行

編　者　創《そう》価《か》学会《がっかい》広島《ひろしま》青年《せいねん》部《ぶ》

発行者　大島光明
発行所　株式会社 第三文明社
　　　　東京都新宿区新宿1-23-5
　　　　郵便番号　160-0022
　　　　電話番号　03（5269）7144（営業代表）
　　　　　　　　　03（5269）7145（注文専用）
　　　　　　　　　03（5269）7154（編集代表）
振替口座　00150-3-117823
URL　https://www.daisanbunmei.co.jp/

装丁・本文レイアウト　村上ゆみ子
印刷・製本　中央精版印刷株式会社

ISBN 978-4-476-06242-7